激変する世界の変化を読み解く

教養としての地理

DISCOVERING
THE WORLD
OF GEOGRAPHY

としての

地理

東進ハイスクール 地理講師
山岡信幸

PHP

はじめに

　読者の皆さん、はじめまして。私は予備校で地理を教えている者です。有名な売れっ子というわけでもなく、一般の方はまったくご存じないと思いますが、私の書いた参考書はそこそこ売れていて、多くの受験生に読まれています（買っただけで本棚の肥やしになっているかもしれませんが）。

　しかし、この本は受験参考書ではありません。受験勉強とは違った地理の面白さを皆さんに知ってもらうだけでなく、世界の今とこれからを読むために地理的な見方を役立ててもらいたいという思いから執筆した読み物です。さまざまな興味深い現代的な話題を取り上げて、中学・高校時代に誰でも１度は学んだことのある「地理」の視点から、あちこちに脱線しながらもできるだけ丁寧な解説を試みました。

　大学入試センター試験に代わって、2021年から始まった「大学入学共通テスト」（私が大学を受験した頃は「共通一次」でしたが……）の地理でも、かつて「名物地理」と揶揄された特産物や地名を羅列して暗記させるような内容は完全に姿を消しており、基本的な知識を活用して問題中に与えられたデータをどう読み取るか、といった設問が並んでいます。ご年配の読者には「これが地理か」と隔世の感を与えるような問題も含まれます。これは大袈裟ではなく、地理の「理＝ことわり（ものの道理）」の部分が重視されているのです。

　考えてみれば、山脈名や都市名、用語の意味、統計データなどは、知らなくても、忘れていてもインターネットで検索すればすぐに出てくる時代です。博学な人とそうでない人の差は、（テレビのクイズ番組での活躍を目指すのでなければ）スマホやタブレット１つで簡単に補えます。であれば、学校で地理を学ぶ意義は、必要最小限の知識を獲得することや、情報を得るためのスキルを身につけることには限定されません。むしろ、それらの知識や情報を組み合わせ、結び付け、考察する能力を育てることに重心が移ってきたのは、当然ともいえます。

交通機関や情報通信技術の発達によって変化のスピードが加速する現代は、COVID-19（新型コロナウイルス感染症）のような疫病、アメリカ合衆国と中国という２大国による熾烈な主導権争い、SDGs（Sustainable Development Goals：持続可能な開発目標）に掲げられた「貧困をなくす」「ジェンダー平等」「安全な水とトイレ」「気候変動への具体的対策」などの17の到達目標など、グローバルな課題から世界中のすべての人が逃れられない時代になりました。過去から誠実に学び、現在を的確に捉え、未来をソウゾウ（想像／創造）するために、「地理」という視点はきっと皆さんの役に立つはずです。

　ひょんなことから知己を得た藤原辰史さん（農業史研究者で「自由と平和のための京大有志の会」の呼びかけ人）は、COVID-19の蔓延に関して発表した文章（「パンデミックを生きる指針」webサイト "B面の岩波新書"）の中でこう述べています。

「（前略）世界史の住人たちは一度として、危機の反省から、危機を繰り返さないための未来への指針を生み出したことがない。世界史で流された血の染み付いたバトンを握る私たちは、今回こそは、今後使いものになる指針めいたことを探ることはできないだろうか」

　ものごとを多面的に捉え、論理的な因果を重視する「地理的な見方や考え方」は、藤原さんの提唱する「歴史から学ぶ謙虚な姿勢」を親和的に支援するツールとなるでしょう。なぜなら「理」に適わない歴史認識は、ときに無知よりも悲惨な結果をもたらすからです。

　ところで、私のことを「地理講師で、おまけに地理の本を書いているくらいだから、少なくとも大学の地理学部を卒業した専門家だろう」と思われていたら、ごめんなさい。大学には通いましたが専攻はまったく違っていました。そもそも、自分の入試の時の選択科目は日本史と政治経済でした。卒業後に進学塾で小中学生に社会科を教えながら、少しずつ大学入試

の地理を研究し、学び、徹夜で予習しつつおっかなびっくりで始めた講師稼業でしたが、もうかれこれ30年以上続いています。今でも授業準備には（徹夜はキツい年齢になりましたが）教える時間の数倍を使っています。

　なぜ、素人だった私が地理講師をやってこられたのかを考えてみると、やはり教科としての魅力に尽きると思います。私ひとりの嗜好ではありません。同窓会に出席すると、私の職業を知った旧友たちから「おい、地理って面白いよな？」と学生時代には一度も聞いたことのないセリフが出てきます。地形や気候のメカニズム、国際ニュースの背景、産業の盛衰、民族と文化のバラエティ……これらを探り、知る面白さや楽しさは、海外への出張や旅行、国際取引や人的交流など、社会人としての経験を重ねたからこそ深く理解できるのかもしれません。

　どのページからでも構いません。ご自分の興味のあるテーマからちょっとずつ読んでみてください。関係ないように見える地球上のあれこれが、「地の理」でつながっていくのを実感していただき、コロナ騒動の収束後に「使いものになる」地理や歴史のリテラシーに役立つ部分が少しでもあれば幸いです。

　もう何度目かも忘れた「緊急事態宣言」の延長が宣言された夜に

山岡信幸

教養としての地理
目次

第3講　産業・農林水産業

CONTENTS

第2部 お金の流れの変化から激変する世界を読み解く

CONTENTS

※本書ではアメリカ合衆国を米国と表記するほか、国名は略称を多く用いています。

第**1**部

地理の変化から
激変する世界を
読み解く

世の中が変われば、
地図も変わる

POINT

★地図記号は産業・社会の変化を反映して、廃止・追加されている
★地図の世界は、紙の上からコンピュータやネット上にお引っ越し
★登山好きにお馴染みの「三角点」が、その役割を終えようとしている

　「民営化」と地図記号

中高生の頃、地理の授業に地図帳を忘れて、隣のクラスに借りに行ったことのある人はいませんか？　私の講義では、つねに地図帳を開いて受講するようにお願いしています。地理を学ぶうえで地図は不可欠のツールです。ところで、地図帳もそうですが、日本で用いられる地図の多くは、国土交通省に属する国土地理院という機関が作った地図（地形図・地勢図・国土基本図など）を基にしています。この地図の世界も近年大きく変化しています。

「地図の変化」というと、よく話題になるのが地図記号の変化です。地図記号もまた、社会の変化を表しています。

図1-1　新しい地図記号

電子基準点	図書館	博物館	風車	老人ホーム	自然災害伝承碑
1997年〜	2002年〜		2006年〜		2019年〜

「風車」は風力発電をはじめとした再生可能エネルギー（自然エネルギー）の普及、「老人ホーム」は人口の高齢化、「自然災害伝承碑」は地球温暖化などによる災害の増加を背景にしています。

第1講
地図と交通

第2講
資源・
エネルギー

第3講
産業・
農林水産業

第4講
文化と生活

第5講 東アジア・
東南アジア編

第6講 南
アジア編

第7講
西
アジア編

第8講
アフリカ編

第9講
ヨーロッパ編①

第10講
ヨーロッパ編②

第11講 ロシア・
米国編

第12講
中南
アメリカ編

第13講
オセアニア編

第14講 日本
編

図1-2　使われなくなったおもな地図記号					
電報・電話局	塩田	工場	桑畑	樹木に囲まれた居住地	採石地
～1986年	～2013年				

「電報・電話局」の記号は、電話と電報を意味する Telephone&Telegram の頭文字を図案化しています。1985年、中曽根内閣の行政改革の一環で、公営企業の電電公社（日本電信電話公社）が民営化されてＮＴＴになりました。民間企業を特別な記号で表す必要はないということでしょう。ただし、1987年に日本国有鉄道（国鉄）が民営化されてＪＲとなりましたが、路線を表す地図記号（白黒のシマシマ■■■■）は、今も私鉄路線（ゲジゲジ＋＋＋＋）とは区別されています。

製塩・養蚕とともに消えた記号

また、産業の変化も地図記号に反映されます。

製塩業は、かつて塩田（塩浜）を利用して行われていました。砂浜海岸に設えられた広大な塩田に潮の干満を利用して海水を引き入れ、天日で蒸発させて鹹水（塩分濃度の高い水）を得て、これを濾過して釜で煮詰めるのです。これが江戸時代に始まった入浜式塩田です。晴天が続く必要があるため、年間降水量の少ない瀬戸内地方でとくに発達しました。この地域では、日本列島に雨をもたらす季節風（モンスーン）が南北の山地（四国山地・中国山地）に遮られるために年中少雨となります。「忠臣蔵」で知られる浅野内匠頭の赤穂藩（兵庫県南西部）も塩づくりが盛んで、全国的なブランド「赤穂の塩」は藩の専売品でした。

塩は、日露戦争後の1905年には国の専売品となって財政を支えます。第二次世界大戦後の1948年頃から、もっと効率的な流下式塩田（表面に粘土を張った流下盤や、竹を組んだ枝条架に海水を流して、太陽熱と風で水

を蒸発させる）への切り替えが進みます。そして、1972年に天候に左右されない工場内で行うイオン交換膜法（電気を使った海水の透析）が導入され、塩田は不要になったのです。しばらくして、地図記号も不要になりました。塩田の跡地は一部で工業用地に転用され、瀬戸内工業地域の形成に役立ちました。最近はメガソーラーの建設用地にも活用されています。

桑畑の記号が消えたのは、繊維産業の変化を示しています。昔は日本中の農村で桑の木を見かけました。生糸を作る製糸業、それを支える養蚕業は農家にとって重要な収入源でした。とくに、水田耕作に向かない扇状地の斜面などには桑畑が広がっていました。

　しかし、戦後に生活の欧米化で日本人が絹織物の和服を着る機会が減り、化学繊維の発達や輸入生糸の利用もあって国内の養蚕業は衰退しました。繭を作る蚕の餌となる桑の葉も不要になったのです。扇状地の土地利用は、果樹園（ ）などに変化しました。扇状地は粒子の大きい砂礫が堆積した地形ですから、水はけと通気性が良く、傾斜があることで日当たりも良くなるため果実の栽培に向いているのです。扇状地の多い甲府盆地（山梨県）ではぶどうや桃、山形盆地では桜桃（さくらんぼ）、といった特定の果物の栽培に力を入れ、特産品に育てあげました。

デジタル化する地図づくり

　さて、ごく最近まで地図 ＝ 紙でした。ところが人工衛星やインターネットの発達は、地図の世界も大きく塗り替えました。「ぐるなび」で検索した居酒屋の場所も、スマホで確認した取引先へのルートも、カーナビで見た渋滞情報も、デジタルデータ化されて端末などに表示されています。

　国土地理院の地図もデジタル化されており、ウェブサイト「地理院地図」で閲覧できます。従来の地形図が表示されるだけではなく、縮尺も自由に変更できるし、古い地形図や各時代の空中写真、衛星画像、陰影をつけた起伏図なども簡単に表示できます。地形を分類した土地条件図、活断

第1講
地図と交通

第2講
資源・
エネルギー

第3講
産業・
農林水産業

第4講
文化と生活

第5講
東アジア・
東南アジア編

第6講
南アジア編

第7講
西アジア編

第8講
アフリカ編

第9講
ヨーロッパ編①

第10講
ヨーロッパ編②

第11講
ロシア・
米国編

第12講
中南
アメリカ編

第13講
オセアニア編

第14講
日本編

層図などは防災にも役立ちます。これらの重ね合わせも可能です。

　複数の静止衛星から電波を受信して、現在地の緯度や経度を正確に測ることのできる GNSS（全球測位衛星システム）による正確な位置情報は、地図づくりにも活用されています。誤解されやすいのですが、有名な GPS はアメリカ合衆国が運営する GNSS の一固有名詞にすぎません。ロシアの GNSS は GLONASS（グロナス）、EU の GNSS は Galileo（ガリレオ）といった具合です。全国約1300カ所に置かれている電子基準点は GNSS の電波を受信し、かつての三角点に代わって地形図製作の基準となっています。

　三角点といっても、三角形の"何か"があるわけでなく、花崗岩（かこう）などでできた柱石です。三角点は、「三角測量」という測量方法に由来する名前なのです。三角測量をごく単純化して説明すると次ページのようになります。

　明治の初めに、イギリスからのお雇い外国人に指導を受けながら東京に13カ所の三角点を設置して以来、三角点は全国10万カ所に置かれ、正確な地形図づくりに活かされてきました。しかし、GNSS や航空測量の発達に伴って地上での測量作業は行われなくなっています。工場の地図記号が使われなくなったのもこれに関係するようです。中小工場は現地に出向かないと利用実態がわからないため、航空測量による作図では省略せざるを得ないのです（大きな工場は工場名を文字で記入しています）。

　2014年8月、国土地理院の検討委員会は「10年後には三角点は測量の基準としては使われなくなる」と発表しました。しかし、登山をしていると山頂などの見晴らしの良い場所で見つかる三角点には親しみを感じる人も多く（私もその1人です）、すべての三角点が撤去されることはなさそうです。

三角点〈佐賀県唐津市名護屋城址〉（著者撮影）

電子基準点〈広島市可部運動公園〉（著者撮影）

図1-3　三角測量のイメージ

①海岸などに基線ABを設定し、このAB間の距離を測量しておく。

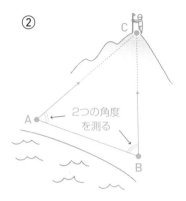

②基線の両端A、Bから別の地点C（山頂など）への角度を測量すると、「一辺とその両端の角（2角夾辺）」によって三角形が定まるので、基線以外の2辺AC、BC（両端から3番目の点までの距離）は直接測ることなく知りうる。

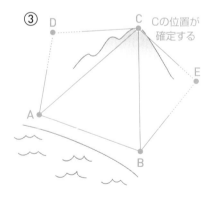

③さらにACやBCを新しい基線にして、次々と別の点を角度の測量だけで決定できる。こうして、測量の対象地域は多くの三角形の網目（三角網）で覆われる。

アンカレジのうどんと
温暖化による北極海航路

第1講
地図と交通

第2講
資源・
エネルギー

第3講
産業・
農林水産業

第4講
文化と生活

第5講 東アジア・
東南アジア編

第6講
南アジア編

第7講
西アジア編

第8講
アフリカ編

第9講
ヨーロッパ編①

第10講
ヨーロッパ編②

第11講
ロシア・
米国編

第12講 中南
アメリカ編

第13講
オセアニア編

第14講
日本編

POINT

★冷戦の終結によって、日本とヨーロッパを結ぶ航空路は変化した
★産業構造の高度化に対応して、航空貨物輸送の重要性は高まっている
★世界貿易における船舶の地位は今も高く、運河改修や航路開発が進む

 アンカレジ航路と冷戦

　一定の年齢以上の方なら、アラスカのアンカレジという地名を空港所在地としてご存じでしょう。日本人にとって、アンカレジ空港（現在の正式名称はテッド・スティーブンス・アンカレジ国際空港）は1980年代までの欧米旅行でお馴染みの経由

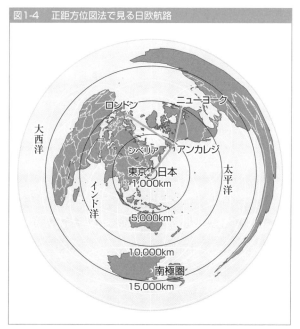

図1-4　正距方位図法で見る日欧航路

地でした。私は味わったことがありませんが、この空港には日本人のトランジット（乗り換え）客向けに立ち食いうどんの店もあったそうです。

　正距方位図法という投影法（世界地図の描き方）があります。ふだん目にすることの多い長方形の世界地図（メルカトル図法〈図1-5〉やミラー図法など）と比べると、図の外縁部に描かれる大陸の形が大きく歪んでい

たり、経緯線がぐにゃぐにゃしていたりで、なんだか見にくいですね。図1-4の半径は2万km（地球全周の半分）、外周は東京の対蹠点を表します。対蹠点とは、地球の真反対の地点のことで、東京の対蹠点はウルグアイ沖の大西洋上です。だから地面に向かって「ブラジルのみなさーん」と叫ぶギャグは微妙にずれています。「点」が「外周」になると

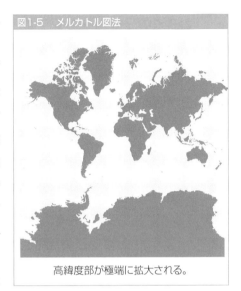

図1-5　メルカトル図法

高緯度部が極端に拡大される。

いうのはわかりづらいでしょうが、「ゴム風船でできた地球儀で、対蹠点にピンで穴を開け、そこに手を突っ込んで無理やり広げて平らに伸ばす」というイメージで理解してください。

　ややこしい投影法に思えますが、この正距方位図法には、その名のとおり「図の中心からの距離と方位が正しい（＝大圏航路［最短コース］が直線で表される）」という優れた利点があります（ただし、「図の中心から」という条件には注意してください）。この図（図1-4）は東京を中心に描いています。したがって、この図から「東京からロンドンやニューヨークまではほぼ1万kmだが、ニューヨークのほうがちょっと遠い」「東京から見てロンドンは北北西の方角」「東京の真東は南アメリカ大陸のチリ付近」などと、四角い地図ではピンとこないことが一目でわかります。

　1980年代まで日本からアメリカ東海岸のニューヨークに向かう便がアンカレジを経由していたのも納得です。東京とニューヨークを結ぶ直線＝大圏航路のすぐ近くにアンカレジがあるからです。当時の航空機の航続距離では、途中給油が不可欠でした。しかし、東京からヨーロッパに向かう便

第1講 地図と交通
第2講 資源・エネルギー
第3講 産業・農林水産業
第4講 文化と生活
第5講 東アジア・東南アジア編
第6講 南アジア編
第7講 西アジア編
第8講 アフリカ編
第9講 ヨーロッパ編①
第10講 ヨーロッパ編②
第11講 ロシア・米国編
第12講 中南アメリカ編
第13講 オセアニア編
第14講 日本編

でアンカレジを経由するのは相当な遠回りに見えます。なぜこんなルートを通ったのでしょう？

マルタ会談（1989年）を図案化したマルタ発行の切手

　謎を解く鍵は「冷戦」、資本主義陣営と社会主義陣営との戦火を交えない戦いです。この第二次世界大戦後の東西対立において、西側＝アメリカ陣営に属する日本の航空機は、東側のリーダー旧ソ連のシベリア上空を通過する大圏航路を利用できなかったのです。1989年の冷戦終結（ゴルバチョフ書記長とブッシュ〈父〉大統領のマルタ会談）を契機に、外貨獲得を図るソ連がシベリアルートの開放を進めました。それより前の1976年には航空機の大型化による航続距離の延長で、東京〜ニューヨーク直行便が就航しており、旅客機の発着地としてのアンカレジは（北極圏のオーロラ観光ツアーなどを別にして）日本人に忘れられていきました。

 航空便？or 船便？

　しかし、実はアンカレジ空港の重要性は今も別の形で残っています。それは航空貨物便（エアカーゴ）の中継地という役割です。半導体のように

表1-1　成田国際空港の貿易品目（2019年）

輸出品目	百万円	輸入品目	百万円
半導体等製造装置	851,453	通信機	1,771,868
科学光学機器	654,304	医薬品	1,587,442
金(非貨幣用)	600,674	コンピュータ	1,139,125
電気回路用品	414,444	集積回路	1,086,778
集積回路	382,249	科学光学機器	831,577
計(その他とも)	10,525,596	計(その他とも)	12,956,021

『日本国勢図会』第78版により作成。

軽くて小さいが付加価値の高い先端技術製品の役割が高まる現在、以前に比べ航空貨物の取扱量は拡大しています。日本の貿易港のうち貿易額が最大なのは「成田国際空港」です（2019年）。2位の名古屋港は自動車などの輸出に偏り、3位の東京港は消費財の輸入に偏っているのに対し、成田は輸出入とも10兆円を超えています。

　輸送効率を考えると、できるだけ航空機の荷室を広くして大量輸送を図るべきですが、その分、燃料タンクは小さくなります。そのため旅客ならば直行便の路線でも、貨物では給油が必要になるのです。エアカーゴはうどんは食べないでしょうが、燃費は食うわけです。

　ところで、いくら航空機による貨物輸送が増えたからといっても、世界貿易の大部分は今も船舶によって担われています。船舶は圧倒的に大量の品物を非常に安い運賃で運ぶことができるからです。原油はタンカーで、石炭や穀物はばら積み船（バルクキャリア）で、自動車は自動車専用船で。

　近年、世界の工業は水平分業化が進んでいます。つまり、1つの製品を作る工程が、複数の国に分散しているのです。デザインはアメリカ合衆国で行われ、主要部品は日本で作り、他の部品はベトナムとマレーシアで作り、最終的に中国で組み立てる、といった具合です。すると、こまごまとした部品や半製品などが、世界のあちこちを行き来することになりますが、このような工業製品は（高価なものは航空機を使いますが）規格の決まった箱（コンテナ）をたくさん積めるコンテナ船で輸送されます。

　さて、日本とヨーロッパを結ぶ貨物船の場合、船だけにシベリア上空を通るわけにはいきませんから、これまではマラッカ海峡やスエズ運河を通過する南回り航路をとっていました。遠回りだけではなく、マラッカやソマリア沖では海賊の危険もあります。インド洋・紅海と地中海を結ぶスエズ運河の通航料がかかります。

　2015年に完成したスエズ運河の拡張工事（一部の複線化）は、この運河

の利便性を向上させましたが、その前後にエジプト政府は重要な外貨獲得源である運河通航料の値上げを繰り返しました。「アラブの春」によって2011年にムバラク大統領の長期政権が倒れた後、政治的混乱のなかで、軍部クーデターによって2014年に成立したシシ政権にとって、運河通航料の増収は政権安定のために欠かせないものだったのです。しかし船主たちにとっては頭痛の種となっています。

新しいルートの開発は続く

そういえば、2016年には大西洋・カリブ海と太平洋を結ぶパナマ運河でも拡張工事が完成しています。南北アメリカ大陸を結ぶ細長い陸地であるパナマ地峡は、日本と同じで環太平洋造山帯に含まれる山地であり、運河の最高地点（人造湖のガトゥン湖）の水面標高は26mです。そこで、パナマ運河はいくつかの水門を連ねて段階的に船の水位を上下させる「閘門式運河」という仕組みを用いています。このため、パナマ運河を通航できる船の大きさ（パナマックスという）は、水平式運河であるスエズ運河に比べるとずっと小さく、これを改善するために拡張工事が行われたわけです。

たとえば、今話題のシェールガスを載せてアメリカ合衆国のメキシコ湾岸を出航する大型ＬＮＧ専用船が日本に向かう場合、パナマックスをオーバーしていれば東回りでスエズ運河経由のルートを取ることになり、約42日かかります。これが拡張されたパナマ運河を通れるのなら約25日、費用も半分近くで済みます。世界中の各航路がメガコンペティション（大競争）をしているのです。新航路が時代を変えるような大きな意味を持つのは、ヴァスコ＝ダ＝ガマが喜望峰*を経てインド航路を開発した15世紀も現代も変わりありません。

そこで注目されているのが北極海航路。以前だと氷だらけで船は通れなかった海ですが、地球温暖化によって氷に覆われている範囲は狭まっており、夏季には航行できるようになってきたのです。正距方位図法の地図で

第1講 地図と交通
第2講 資源・エネルギー
第3講 産業・農林水産業
第4講 文化と生活
第5講 東アジア編
第6講 南アジア編
第7講 西アジア編
第8講 アフリカ編
第9講 ヨーロッパ編①
第10講 ヨーロッパ編②
第11講 ロシア・米国編
第12講 中南アメリカ編
第13講 オセアニア編
第14講 日本編

見れば、従来のルートに比べ、かなりショートカットされていることがわかります。実際、横浜～ロッテルダム間の距離は南回り航路の約1万1200海里に対し、北極海航路では約7350海里。所要日数も3割程度は短縮されます（1海里＝1852m）。

とはいえ、氷に出くわす可能性はゼロではないので、氷に耐えられる船体を準備し、万一の場合は砕氷船の支援を受けなければなりません。気象情報などの整備も遅れており、この航路の利用は思ったようには伸びていません。そもそも北極海が通れるようになったのは深刻な環境問題の副産物ですから、いずれにせよ手放しでは喜べない話題です。

＊喜望峰にはガマの少し前にバルトロメウ＝ディアスが到達して「嵐の岬」と名付けましたが、ポルトガル王ジョアンⅡ世は大西洋とインド洋がつながっている（＝インド航路開発の可能性がある）ことに喜んで、縁起の良い Cabo da Boa Esperança（喜望の岬）と改名したそうです。なぜ岬を「峰」と訳したのかはよくわかっていませんが、どうも誤訳が定着したようです。なお、アフリカ大陸最南端は喜望峰ではなく、その東南東にあるアガラス岬です。

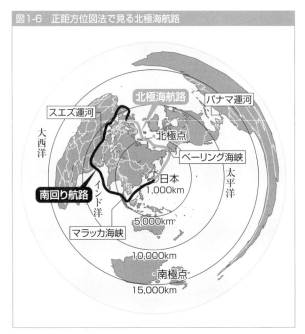

図1-6　正距方位図法で見る北極海航路

脱石油を模索する湾岸諸国

POINT

★アラブ首長国連邦などの湾岸諸国では経済の「脱石油化」が進む

★ドバイでは金融業・都市開発・観光などによる経済の多角化が著（いちじる）しい

★不足する労働力を移民で補う湾岸諸国では、歪（いびつ）な人口構造が課題

石油だけでは将来が不安

　日本に輸入される石油の８割以上はペルシア湾からタンカーで運ばれます。私たちの生活にとっても重要な意味を持つこのペルシア湾の沿岸には、サウジアラビア、イラン、イラクなどの中東の大国の他、いくつかの比較的小規模な国家があります。

　その中の１つがアラブ首長国連邦（ＵＡＥ）です。その名のとおり、７つの首長国が１つの国を形成しています。その中には、連邦の首都が置かれているアブダビ首長国や、中東屈指の大都市ドバイを持つドバイ首長国などがあります（他の５つはきわめて小規模のため、ここでは取り上げません）。

　陸地面積は北海道よりやや小さい7.1万㎢、人口は東京23区とほぼ等しい977万人*、しかし1人当たり国民総所得（ＧＮＩ）は日本をやや上回る４万3000ドル余り** というＵＡＥ。この講ではＵＡＥの貿易や産業に関する統計の変化を通して、湾岸諸国の「脱石油」戦略を見ていきましょう。

　　*2019年。　**2018年。

　表2-1（P.24）でわかるように、この20年ほどでＵＡＥの輸出品目に占める原油の割合は大きく低下しており、代わって工業製品や貴金属などが増えています。

　この傾向は、産業活動別のＧＤＰを示す表2-2（P.24）でも裏付けられ

表2-1　アラブ首長国連邦（UAE）の輸出品目

1996年		2018年	
原油	62.0%	機械類	21.1%
石油製品	13.4%	原油	12.4%
天然ガスと石油ガス	7.3%	石油製品	9.5%
		貴金属装身具	7.4%
		ダイヤモンド	6.5%
総輸出額(百万ドル)	43,307	総輸出額(百万ドル)※	265,000

※2015年　『データブック オブ・ザ・ワールド』Vol.15、Vol.32により作成。

表2-2　アラブ首長国連邦（UAE）の産業活動別GDP（国内総生産）

(百万ドル、%)

	2000年		2018年	
農林水産業	2,463	3.5	3,060	0.7
鉱・工業	34,513	48.9	159,248	38.4
うち製造業	9,465	13.4	36,928	8.9
建設業	4,590	6.5	34,544	8.3
卸売・小売業	7,432	10.5	55,346	13.4
運輸・通信業	4,696	6.7	34,909	8.4
サービス業	17,240	24.4	127,071	30.7
国内総生産(産業計)	70,522	100.0	414,179	100.0

『世界国勢図会』第22版・第31版により作成。

ており、石油産業を含む鉱工業の割合が低下していること、建設業や第3次産業（商業・サービス業）が成長していることがうかがえます。また、全体の経済規模が5倍以上に拡大していることも見逃せません。

　原油の産出量は11865万 kL（1999年）から17399万 kL（2018年）、輸出量は9610万トン（1998年）から12024万トン（2016年）とわずかながら増えているので、石油産業が衰退しているというより他の産業が拡大していることがわかります。このような産業構造の大きな変化はどのような背景

の下で、どのような方法で達成されたのでしょうか。

「アラブ」って何だ？

　2011年の初頭に始まった「アラブの春」。独裁的な政治体制をとっていたアラブ諸国における民主化運動は、北アフリカのチュニジア、リビア、エジプト、さらに西アジアのヨルダン、イエメン、シリアへと拡がっていきました。北アフリカ3国では政権交代が起こり、シリアやイエメンではその後も内戦状態が続きました。このような不安定な情勢の中、比較的落ち着いていたのは、ペルシア湾岸の国々です（図2-1参照）。

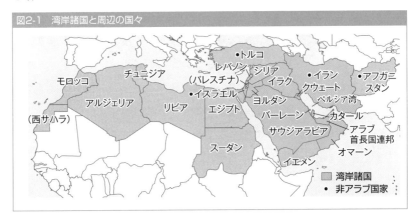

図2-1　湾岸諸国と周辺の国々

モロッコ　チュニジア　トルコ　レバノン　シリア　イラン　アフガニスタン　（パレスチナ）　イラク　クウェート　イスラエル　アルジェリア　リビア　エジプト　ヨルダン　ペルシア湾　バーレーン　カタール　（西サハラ）　サウジアラビア　アラブ首長国連邦　スーダン　オマーン　イエメン

■ 湾岸諸国　● 非アラブ国家

　湾岸諸国でもバーレーンやクウェートなどでは大規模な民主化要求デモがありましたが、政権を変えるまでにはいたりませんでした。いくつかの国で政権側の譲歩はあったものの、湾岸諸国における「アラブの春」の火は「燃え上がる」というより、「くすぶる」程度だったわけです。ＵＡＥにいたっては、火の気すらありませんでした。

　中東全体で見れば、シリアの混沌やイエメンの悲惨な状況、イランと米国の対立激化など「終わらない紛争の地域」という印象は拭えません。ところが、湾岸諸国の中には比較的安定した政治情勢の下で新しい発展を目指す動きも見られます。この地域の複雑な事情を数ページで（いや、この1冊すべてを使ったとしても）説明しきるのは無理ですが、日頃のニュー

第1講　地図と交通
第2講　資源・エネルギー
第3講　産業・農林水産業
第4講　文化と生活
第5講　東アジア・東南アジア編
第6講　南アジア編
第7講　西アジア編
第8講　アフリカ編
第9講　ヨーロッパ編①
第10講　ヨーロッパ編②
第11講　ロシア・米国編
第12講　中南アメリカ編
第13講　オセアニア編
第14講　日本編

スを理解し、今後の変化を予測するための基礎固めは高校地理の教科書レベルでも十分に可能だと思います。まずは基本を確認しておきましょう。

　なんといっても重要なのは民族分布。民族とは何か、を語り始めると長くなりますが、ここでは教科書どおり「言語・宗教などで区分される人類の集団」としておきます。宗教については、一部の例外を除きほとんどがムスリム（イスラームの信者）の地域です。

　ただし、中東に住むムスリムが全員アラブ人かというと、そうではありません。先ほどから「アラブ」という言葉を繰り返していますが、アラブ人をもっとも簡潔に定義すると「アラビア語を話す人」、もう少し丁寧にいえば「アラビア語を話し、イスラーム（文化）を受容する人」です。アラブ人はアラビア半島の全域、北アフリカ全域、イラク・シリア・ヨルダンなどに分布します。イスラームの聖典クルアーン（コーラン）はアラビア語で書かれました。「神の言葉は翻訳できない」ので、かつてのイスラーム帝国の領域にはこの聖典を通してアラビア語が広まったのです。

　しかし、何事にも例外はあります。この地域には、ムスリムであってもアラビア語以外を話す非アラブ人も暮らしています。たとえば、

　　ペルシア人…ペルシア語を話す。イランに分布。アフガニスタンやタ
　　　　　　　　ジキスタンにも同系言語。

　　トルコ人…トルコ語を話す。トルコのほか、同系言語はタジキスタン
　　　　　　　を除く中央アジア諸国や中国（ウイグル人）にも分布。

などです。また、独自の国家を持たないクルド人（クルド語を話すムスリム）もかなり大きな民族集団です。

　イスラーム以外の宗教を信仰する人たちもいます。ユダヤ人はヘブライ語を話すユダヤ教徒です。彼らも自分たちの国家を持たないディアスポラ（離散民族）でしたが、1948年、パレスチナの土地にイスラエルを建国し、この地域における最大の紛争の火種であるパレスチナ問題を引き起こしています。多くのアラブ人にとって、メジャー（国際石油資本）を通し

第1講 地図と交通
第2講 資源・エネルギー
第3講 産業・農林水産業
第4講 文化と生活
第5講 東アジア・東南アジア編
第6講 南アジア編
第7講 西アジア編
第8講 アフリカ編
第9講 ヨーロッパ編①
第10講 ヨーロッパ編②
第11講 ロシア・米国編
第12講 中南アメリカ編
第13講 オセアニア編
第14講 日本編

て長年自分たちの資源を奪ってきた欧米、とくにパレスチナ問題で一貫してイスラエル側に立つ米国に対する反感が強いのは当然です。

しかし、ムスリムも一枚岩ではありません。イスラームにはスンニ派とシーア派という大きく分けて2つの宗派があり、世界全体で見るとスンニ派が多数派、シーア派が少数派となっています。

西アジア・北アフリカ諸国、さらにムスリム人口の多いインドネシアやパキスタンなど、東南アジア・南アジアのイスラーム圏もスンニ派です。なお、サウジアラビアではスンニ派の中でもとくに厳格とされるワッハーブ派が多数を占めています。一方でシーア派の割合が高いのはイラン（86％）、イラク（62％）などに限られます。

最近では、ペルシア湾を挟んだサウジアラビアとイランの対立がクローズアップされています。両国は言語も異なり（アラビア語とペルシア語）、宗派においてもスンニ派・シーア派それぞれの盟主であるという文化的な背景抜きには、この対立を語ることはできません。

ただし、「宗派の違いが対立の原因」というのは話を単純化しすぎています。国際関係の要因はずっと複雑であり、民族・文化の違いはたくさんある変数の1つにすぎません。関係が良好だった時期もあれば、摩擦が激しくなる時期もある。その最重要の変数は「歴史」と「経済」ではないでしょうか。次にこの地域の経済について見ていきます。

飛ぶ鳥を落とす勢い

西アジア〜北アフリカ、なかでも湾岸諸国は、石油や天然ガスなど豊富なエネルギー資源の輸出によって国の経済が成り立っています。このように特定の一次産品（加工されていない農畜産物や鉱産資源など）に偏った発展途上国の経済のあり方をモノカルチャー経済と呼びます。

モノカルチャー経済は、依存する一次産品の生産量減少、需要減少、国際価格低下などにより、きわめて不安定で脆弱な経済体制といえます。そのため、そのような発展途上国は、モノカルチャー経済からの脱却を目指

して、工業化を柱とした産業の多角化を図ることになるのです。湾岸諸国も例外ではありません。

ペルシア湾周辺には豊富な原油埋蔵量が確認されていますが、いずれは枯渇します。地球温暖化との関係で再生可能エネルギーによる代替が進めば、原油需要が低下する可能性もあります。湾岸諸国ではどのようにして経済の「脱石油化」を進めているのでしょうか。

ドバイの未来戦略

湾岸の産油国では第一に、豊富な石油資源を用いた石油精製業、火力発電による安価な電力を用いたアルミニウム精錬（鉱石ボーキサイトからアルミニウムに精錬する過程で大量の電力による電気分解が行われる）などの「エネルギー集約産業」の開発を進めています。これに加えてUAEやバーレーン、カタールなどの小国では、観光・サービス・物流・金融などの第3次産業の育成を図っています。

UAEの7首長国のうちの1つ、ドバイは都市開発の例としてよく知られます。実は産油国UAEとはいっても、おもな油田は国土面積の8割を占めるアブダビに集中しており、石油産業の立地も独占的です。

ドバイでも沖合の海底油田がいくつか開発されていますが、アブダビに比べると小規模です。さらに近年の産業の多角化によって石油への依存度は大幅に低下しています。

ドバイには自由貿易地域が設定され、周辺地域の物流拠点となっています。また、観光業を発展させるために、パーム＝ジュメイラなどの人工島や、世界一高いブルジュ＝ハリファのような高層ビルなどを次々と建設し、都市型リゾートとしての発展にも目を見張るものがあります。

貴金属・ジュエリー産業も有名です。ドバイでは、砂漠の漁村だった頃から天然真珠の採取が盛んでした。しかし、ドバイを含むペルシア湾の真珠産業は、1930年代に衰退しました。その原因は、なんと日本にありました。リアス海岸の静かな入り江を持つ志摩半島（三重県）の英虞湾で、御

第1講 地図と交通

第2講 資源・エネルギー

第3講 産業・農林水産業

第4講 文化と生活

第5講 東アジア・東南アジア編

第6講 南アジア編

第7講 西アジア編

第8講 アフリカ編

第9講 ヨーロッパ編①

第10講 ヨーロッパ編②

第11講 ロシア・米国編

第12講 中南アメリカ編

第13講 オセアニア編

第14講 日本編

パーム＝ジュメイラ（下）とザ＝ワールド（上）。ドバイ沖の人工島

ブルジュ＝ハリファ。ドバイに聳（そび）える世界最高ビル（828m）

木本幸吉（きもとこうきち）が真珠の養殖を実用化し、量産体制に入ったからです。この出来事は、この地域の経済に打撃を与えましたが、油田や都市の開発に力を入れるきっかけになったともいわれています。

真珠産業が栄えていた頃から、ドバイにはインドやペルシアなど各地の商人が行き交い、港湾都市として頭角を現し始めていました。真珠に代わり、1940年頃にはゴールドスーク（金市場）が成立し、中継貿易港としての性格を強めます。2001年には「ゴールド＆ダイヤモンドパーク」という貴金属の自由貿易区が開設され、世界中の大富豪や観光客をとりこにしています。

金融業では、世界の銀行・証券会社等を誘致して西アジアの金融センターとしての地位を目指しています。2008年のリーマンショックによる世界金融危機や、その後の欧米系銀行への債務不履行問題（ドバイショック）などの影響を受けて、一時トーンダウンしましたが、アブダビ首長国などからの援助を受けて危機を克服、成長軌道を回復しています。

さらに、これらの新産業のための交通インフラとして、24時間利用できるドバイ国際空港があります。私も、アフリカ旅行

ドバイ国際空港にて

のトランジットで利用したことがありますが、早朝からたくさんの人が行き交う、活気のある大きく美しい空港でした。1日5回の礼拝を義務付けられたムスリムの国だけあって、空港内の目立つところに大きな「Prayer Rooms（礼拝室）」があったのが印象的でした（今では成田国際空港などにも設置されていますが……）。ちなみに、その時利用したのはエミレーツ航空でしたが、「エミレーツ（Emirates）」とは「首長国」のこと。ドバイ首長国政府が100％出資して1985年に設立、飛ぶ鳥を落とす勢いで（という比喩は航空会社にふさわしくないですね）急成長してきました。そのエミレーツが拠点を置くドバイ国際空港は、ヨーロッパ・アジア・アフリカを結ぶ国際ハブ空港の地位を確立し、運輸・物流の拠点となっています。たとえばケニアやエチオピアで栽培された薔薇の切り花が、ドバイ経由でヨーロッパや日本にも輸出されています。

　ドバイには空だけではなく、海のルートのハブもあります。ドバイはもともと中継貿易港でしたが、郊外に人工港ジュベル＝アリを建設して、フリーゾーン（自由貿易地域）を設置。外資100％の企業の設立を認め（中国の経済特区や経済技術開発区などでは、現地企業との合作企業・合弁企業であることを求められるのと対照的です）、免税や海外送金の自由まで保障するなど、外国企業への優遇措置による誘致を積極的に進めたのです。ドバイ港は、コンテナ取り扱い個数で欧州最大のロッテルダム港を上回る規模になっています。

　このように、ドバイは「人・モノ・カネが集う場所」として、中東最大の世界都市に成長したのです。カタールの首都ドーハ（1993年のサッカーW杯アジア地区最終予選で日本が敗退した「ドーハの悲劇」のドーハです）や、バーレーンの首都マナーマなども同様の発展を図っています。このような経済的成功の果実を国民に再配分することで、2011年からの「アラブの春」のような動きも抑えることができたのだ、といえます。

　さて、飛ぶ鳥を落とすような勢いで（ここでは問題なく使えます）成長

第1講
地図と交通

第2講
資源・
エネルギー

第3講
産業・
農林水産業

第4講
文化と生活

第5講
東アジア・
東南アジア編

第6講
南
アジア編

第7講
西
アジア編

第8講
アフリカ編

第9講
ヨーロッパ編①

第10講
ヨーロッパ編②

第11講
ロシア・
米国編

第12講
中南
アメリカ編

第13講
オセアニア編

第14講
日本編

する湾岸諸国ですが、これらの国には共通する重大な弱点があります。資源もまだまだ豊富で、新産業も発展している、国内体制もそこそこ安定している……何が問題なのでしょう。

ドキッ！ 男だらけの湾岸諸国

中東地域の安全保障環境が不安定であることも弱みの1つですが、国内の問題に絞って経済発展を阻害する要因を考えてみましょう。その答えは「人口」です。ドバイの成長で見たような工業地帯や都市の発展には多くの労働力が必要となりますが、ドバイに住む自国民30万人弱ではとても足りません。比べても仕方ありませんが、面積が同程度の埼玉県の人口は734万人です。ならばどうするか？

アブダビなどUAE国内の他の首長国からの通勤者もいますが、それらも人口は多くはありません。となると、外国人労働者に頼るほかありません。日本でも近年その受け入れが課題となっていますね。ただ、日本における外国人労働者は、近年急激に増加しているといっても146万人（2018年）で、人口の1％ちょっと。しかし、外国人を含むドバイの総人口は300万人弱ですから、外国人の人口比はなんと約9割。この状況はドバイだけでなく、UAE全体でもほぼ同様です。さらに、程度の差はありますが、サウジアラビアやクウェート、カタール、バーレーンなど、イラン、イラクを除く湾岸諸国全体の傾向でもあります。

しかも、このような外国人の性別や年齢は極端に偏っています。湾岸諸国ではおもに石油関連産業や建設現場・工場、港湾などの労働者として、20〜40歳代の男性移民ばかりを大量に受け入れているからです。

このため、UAEの人口構成はきわめて歪なものになっています。性別・年齢別の人口構成を表す「人口ピラミッド」（図2-2）を見れば明らかですね。若い男性の部分が極端に出張っています。また、外国人といっても、エジプト、イエメンなどのアラブ諸国だけでなく、インド、バングラデシュ、パキスタンなどの南アジア諸国、フィリピン、インドネシアなど

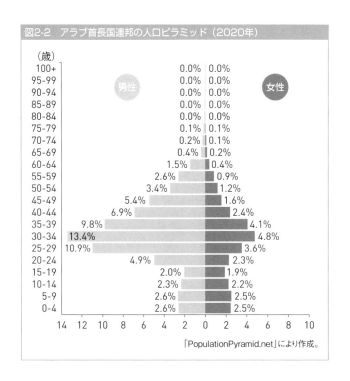

図2-2　アラブ首長国連邦の人口ピラミッド（2020年）

（歳）	男性	女性
100+	0.0%	0.0%
95-99	0.0%	0.0%
90-94	0.0%	0.0%
85-89	0.0%	0.0%
80-84	0.0%	0.0%
75-79	0.1%	0.1%
70-74	0.2%	0.1%
65-69	0.4%	0.2%
60-64	1.5%	0.4%
55-59	2.6%	0.9%
50-54	3.4%	1.2%
45-49	5.4%	1.6%
40-44	6.9%	2.4%
35-39	9.8%	4.1%
30-34	13.4%	4.8%
25-29	10.9%	3.6%
20-24	4.9%	2.3%
15-19	2.0%	1.9%
10-14	2.3%	2.2%
5-9	2.6%	2.5%
0-4	2.6%	2.5%

「PopulationPyramid.net」により作成。

の東南アジア諸国など非アラブ系の国々の出身者が多いことも特徴です。

　非アラブ系が多いだけに、社会的な統合の難しさが生じています。自国民の失業者が目立つようになると、外国人への風当たりは強くなります。ビジネスシーンなどでアラビア語に代わって英語の使用頻度が増えており、文化的侵略への不安を覚える自国民もいます。外国人の側も、これだけのボリュームになると「安価な労働力」としての扱いを黙々と受け入れるばかりではありません。劣悪な労働条件に不満を爆発させて暴動を起こすこともあるようです。クウェートのように外国人労働者を規制する例も見られますが、単純労働・肉体労働を外国人に依存する体質は急には改まらず、労働力の自国民化はなかなか進みません。「背に腹は代えられない」事情に悩まされている湾岸諸国の現状は、少子化で人口減少の進む日本の将来の姿を示しているのかもしれません。

ＯＰＥＣとＯＡＰＥＣ

なぜ原油価格は乱高下するのか？

POINT

★石油産業の歴史の始まりは「ペリー来航」の時代に遡る

★欧米メジャーの石油支配と戦った中東の「資源ナショナリズム」

★21世紀に資源価格は高騰したが、ＯＰＥＣの行く末は不透明である

 知っているようで知らないＯＰＥＣ

　さまざまな地域統合や国際機関の略称、たとえばＥＵ（ヨーロッパ連合）とかＷＨＯ（世界保健機関）とか……よくニュースで耳にしますし、クイズの問題になることもしばしば。もちろん、地理の大学入試問題でもよく問われます。それらの中でも、かなり有名な国際組織の名の１つとして「ＯＰＥＣ」もご存じでしょう。

　Organization of the Petroleum Exporting Countries（石油輸出国機構）の略で、日本では「オペック」と発音しますが、英語では「オウペェク」のほうが近いようです。それはともかく、ＯＰＥＣはどのような組織なのでしょうか。その名のとおり、石油を輸出している国々の集まりです

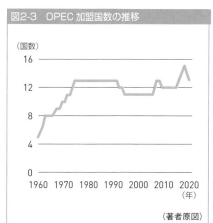

図2-3　OPEC 加盟国数の推移

（国数）

（年）

（著者原図）

が、すべての石油輸出国が加盟しているわけでもありません。加盟国数は1960年の結成当時は５カ国でしたが、1980年13カ国までに増加、2000年11カ国、2020年には13カ国と、近年は出入りが多くなっています。

　ＯＰＥＣというと、なんとなく「中東」「イスラーム」「アラブ」「ペルシア湾」といったキーワー

ドと近いイメージをお持ちかもしれません。それは部分的には正しく、部分的には間違っています。ＯＰＥＣの目的や意義を知るために石油産業の歴史をざっとおさらいしたうえで、ＯＰＥＣ結成の背景、その後の経緯や近年の変化についても見ていきましょう。

 黒船来航とオイルラッシュ

　そもそも、石油産業は歴史の浅い産業です。話はいきなり幕末に飛びます。1853年、ペリーの黒船が浦賀に来航しましたが、アメリカ合衆国（以下、米国）が日本に開国を求めた理由の１つに「捕鯨船の補給港を確保すること」がありました。18、19世紀中頃の米国では、鯨から取った油を照明用の燃料や機械油に用いていたのです。だから米国の捕鯨船は鯨油を取った後の肉は海に捨てていました（もったいない！）。メルヴィルの小説『白鯨』もこの頃の話です。米国は今でこそ世界の「反捕鯨」世論をリードしていますが、当時は殺しまくっていたのですね。そういえば、土佐の漁師だったジョン万次郎（中浜万次郎）も漂流の末、米国の捕鯨船に助けられたのでした。

　しかし、19世紀の後半になると捕鯨は衰退します。その理由は２つ。１つは鯨の数が減ったこと（今ではすべて日本のせいにされそうですが

図2-4　アメリカ最初の油田

ドレーク油田
（タイタスヴィル）
エリー湖
ピッツバーグ　フィラデルフィア
ペンシルヴェニア州

……）、もう１つは鯨油に代わる新しい燃料が見つかったことです。ペリーの浦賀来航から６年後の1859年、ペンシルヴェニア州の村タイタスヴィルで、ドレークという人物が初めて機械掘りによって油田の開発に成功したのです。付近では瞬く間に「オイルラッシュ」が起こり、次々と油田が掘られました。世界の石油産業の始まりです。わざわざ危険な航海をして鯨を捕りに行く必要はなくなりま

した。そこから現在まで、石油産業の歴史は200年足らずなのです。

 ## メジャーの誕生と成長

　南北戦争が終わった後の1870年、ペンシルヴェニア州の西隣オハイオ州で「スタンダード石油会社」を設立したのがジョン＝ロックフェラーです。現在のエクソン＝モービルですね。日本では「エッソ（Esso）」（現・ENEOS）のブランドでも知られています。ロックフェラーは、会社設立から10年弱で米国の石油市場を独占し、全米一の大富豪となりました。彼の戦略は、油田だけでなく、石油を精製する製油所や、石油を輸送するタンク車やパイプラインなどのインフラも一貫して支配することでした。石油という流体資源は、上流（油田の開発・採掘）だけでなく、下流（精製・輸送・販売）も重要なのです。スタンダードの石油はヨーロッパにも輸出されるようになりました。

　そのスタンダードのライバルとなったのが、ロイヤル＝ダッチ＝シェル。当時オランダ領であったインドネシア（蘭印）でスマトラ島の油田を開発していたロイヤル＝ダッチ社（ダッチ Dutch は「オランダの」という意味）と、東洋市場を開拓していたイギリスのシェル社が合併した会社です。ちなみにシェル（Shell）は貝殻のことで、ガソリンスタンドの看板に描かれた黄色いトレードマークでも有名ですね。この社名の由来は、同社が貝殻細工の店から始まったこと。なんでも、創業者サミュエルが来日した時に、横浜に近い三浦海岸で美しい貝殻を拾ったことがきっかけ*だったそうです。

街で見かけるシェルのマーク
〈埼玉県入間市〉（著者撮影）

---

*ただし、シェルの看板の貝殻はペクテンと呼ばれるヨーロッパホタテガイ（日本のホタテガイと同じイタヤガイ科）のものだそうです。ボッティチェッリの名画『ヴィーナスの誕生』でヴィーナスが乗っている貝殻もこれです。

第1講 地図と交通
第2講 資源・エネルギー
第3講 産業・農林水産業
第4講 文化と生活
第5講 東南アジア編
第6講 南アジア編
第7講 西アジア編
第8講 アフリカ編
第9講 ヨーロッパ編①
第10講 ヨーロッパ編②
第11講 ロシア・米国編
第12講 中南アメリカ編
第13講 オセアニア編
第14講 日本編

当時、すでにロシアでも石油産業が勃興していました。スウェーデンの
ノーベル兄弟（あのノーベル賞の創設者とその兄たちです）や、ヨーロッ
パのユダヤ系財閥ロスチャイルド家が、当時世界最大のバクー油田（現在
のアゼルバイジャン領）の開発で大きな利益を得ていました。ノーベルと
いえば、ダイナマイトの発明が有名ですが、それは下の弟のアルフレッド
＝ノーベル。弟が発明で稼いだ莫大な資金（その一部はノーベル賞の財源
になります）が、兄たちの石油開発に投資されたのです。一方、ロスチャ
イルドは、先ほど述べたロイヤル＝ダッチとシェルの合併を促し、革命直
前のロシアの油田をそのロイヤル＝ダッチ＝シェルに売り渡しました。さ
すが商売上手！

　これらの欧米の石油産業の大企業はやがて「メジャー」と呼ばれるよう
になります。石油の開発・採掘・精製・販売など、上流から下流までを一
手に握る国際石油資本です。初めはビッグ3。これはスタンダード、ロイ
ヤル＝ダッチ＝シェル、そしてイギリスが作ったアングロ＝ペルシア
ン*。第二次世界大戦後には、スタンダードの分割（エクソン＝モービル
＝ソーカル）や独立系（ガルフ＝テキサコ）の台頭などで7社体制になっ
て、「セブンシスターズ」と呼ばれました。

---

　* ペルシア、つまり今のイランの油田を開発した会社で、のちにアングロ＝イラニ
　　アンへの改称を経て、現在のBP（British Petroleum の略ですが、2001年から
　　はBPが正式な社名）につながります。

　20世紀に入ると、本格的な「石油の時代」が始まります。19世紀の末に
ドイツでディーゼルエンジンやガソリンエンジンなどの内燃機関が発明さ
れたからです。それまでの灯油としての役割から、燃料としての石油の重
要性がとてつもなく高まります。

　米国ミシガン州のデトロイトでは1908年にフォードT型自動車の量産が
始まりました。ベルトコンベアによる流れ作業方式は、産業社会全体を変
革させるような技術革新でした。その5年前にはノースカロライナ州キテ

ィーホーク郊外でライト兄弟が最初の飛行機を飛ばしましたが、その後の航空機産業の成長も飛躍的でした。1914年から始まる第一次世界大戦ではすでに軍用機として実用化されています。この戦争では戦車や潜水艦も使われましたが、これらの動力となったのも内燃機関。他にもボイラー用の重油など、産業用・輸送用の燃料として石油は新しい世紀に欠かせない資源となりました。さらに、もう少し後には石油からさまざまな化合物を作る「石油化学工業」も始まります。

2つの世界大戦の間、いわゆる「戦間期」には、重要な戦略物資である石油の確保が主要国にとっての命題となります。輸入原油に頼らざるを得ない日本は、その確保を求めて東南アジアに侵攻しますが、これが米欧の「ＡＢＣＤ包囲陣*」を招いて、対日石油禁輸で逆に追い詰められていくわけです。

---

*米国（America）、イギリス（Britain）、中国（China）、オランダ（Dutch）による対日包囲網。この言葉自体は、日本政府が国民の危機感を煽るための宣伝文句でした。ここにオランダが入っているのは石油資源の豊富だったインドネシアを支配していたからです。

立ち上がる中東諸国

さて、20世紀前半における石油産業の最大のトピックは一大油田地帯としての「中東」の登場です（やっとＯＰＥＣに近づいてきました）。石油覇権を狙うビッグ3（スタンダード、ロイヤル＝ダッチ＝シェル、アングロ＝ペルシアン）は、互いに縄張りを主張し、対立を繰り返していましたが、1928年には一応の妥協が成立していました。中東における油田開発が本格化したのはこの時期なのです。20世紀初頭のペルシア（イラン）、メソポタミア（イラク）だけでなく、1930年代にはサウジアラビアやクウェートでも大油田が発見されます。直後に始まった第二次世界大戦中には軍事物資として、戦後の「エネルギー革命」では石炭に代わるエネルギーの中心として、原油の開発に拍車がかかるのです。その中で、埋蔵量が多く

第1講 地図と交通
第2講 資源・エネルギー
第3講 産業・農林水産業
第4講 文化と生活
第5講 東アジア・東南アジア編
第6講 南アジア編
第7講 西アジア編
第8講 アフリカ編
第9講 ヨーロッパ編①
第10講 ヨーロッパ編②
第11講 ロシア・米国編
第12講 中南アメリカ編
第13講 オセアニア編
第14講 日本編

生産コストの安い中東原油が注目されます。戦後の復興で需要の大きいヨーロッパや日本に大量に輸出され、1960年代の高度経済成長の原動力ともなりました。

世界の石油産業を牛耳る<ruby>牛耳<rt>ぎゅうじ</rt></ruby>るメジャーは、中東においても支配力を発揮します。過去の経緯から、イランではイギリス、サウジアラビアでは米国、イラクとクウェートでは両国のメジャーが中心になって油田開発を進め、その利益を独占します。現地の人々（といっても一般国民ではなく王族などの特権階級）には、わずかな利権料が落とされるだけでした。地中に隠れた新しい油田を探すには高度な科学技術が必要だし、試し掘りには莫大な費用がかかるので、それらを持ち合わせない中東諸国自身は、ただ指をくわえて見ているほかなかったのです。

中東をはじめとする第三世界の産油国が、この状況を打開するために依った考え方、それが「資源ナショナリズム」です。これは、発展途上国において自国の資源に対する主権を確立し、経済の自立と発展に結びつけようとする考え方のことです。植民地支配を脱したアジア・アフリカ・ラテンアメリカの新しい独立国にとって、旧宗主国である欧米からの経済的自立が命題でしたが、地下資源はそのための重要な武器だったのです。

多くの場合、資源ナショナリズムは、資源カルテル（資源保有国が、その利益を守るため価格や生産量の安定と調整を図る国際組織）を活用することで実現化します。のちにはＣＩＰＥＣ（銅輸出国政府間協議会）やＩＢＡ（国際ボーキサイト生産国機構）、ＡＩＯＥＣ（鉄鉱石輸出国連合）なども作られましたが、これらよりずっと早く結成され、もっとも大きな影響力を持った資源カルテルがＯＰＥＣなのです。

実はＯＰＥＣ以前にも、資源ナショナリズムの台頭を示す出来事はいくつかありました。1948年にはベネズエラ、1950年にはサウジアラビアで、石油会社に課税する形で利益を折半する仕組みを導入し、メジャーによる

第1講 地図と交通
第2講 資源・エネルギー
第3講 産業・農林水産業
第4講 文化と生活
第5講 東アジア・東南アジア編
第6講 南アジア編
第7講 西アジア編
第8講 アフリカ編
第9講 ヨーロッパ編①
第10講 ヨーロッパ編②
第11講 ロシア・米国編
第12講 中南アメリカ編
第13講 オセアニア編
第14講 日本編

利益独占の一角を崩します。この動きは他の産油国にも広がります。

また、イランのモサデグ首相は、国民の間に巻き起こる民族主義の後押しを受けて1951年に石油の国有化を断行し、イギリスの国策会社アングロ＝イラニアンから石油権益を取り上げました。イギリスはこの動きに対抗し、メジャー各社に働きかけてイラン原油の輸入を全面的に禁止し、逆にイランを追い込みます。冷戦の時代でしたから、米国はイランが「あちら側（ソ連陣営）」に移るのを恐れます。1953年、米英の諜報機関ＣＩＡとＭＩ６の暗躍によって軍部クーデターが仕組まれ、モサデグ政権は倒されて皇帝パフレヴィー（パーレビ）２世による親英米の独裁体制が復活、メジャーはイランの油田を取り返したのです。

「スパイ小説の読みすぎ」と言われそうですが、この介入はのちに米国政府も認めた事実。こうしてイランの石油国有化は失敗に終わりましたが、その後の中東諸国の自立の動きに大きな影響を与えています。1956年にエジプトのナセル大統領がスエズ運河国有化を行ったのも、イランの石油国有化がモデルでした。

中東戦争とOPEC・OAPEC

1959年、原油の国際価格低下を背景にメジャーが産油国への所得税支払いを減らすと、産油国側はこれに対抗して石油収入を安定させるために、団結する必要性を痛感しました。そしてついに1960年９月、イラク、イラン、クウェート、サウジアラビア、ベネズエラの５カ国は、イラクの首都バグダッドで石油輸出国会議を開催し、石油価格の維持を目的としてOPECの設立を決議したのです。加盟国は年々増加し、1973年までに12カ国に拡大しました。加盟国数の増加は、世界市場における石油生産シェアの増加を意味します。徐々にメジャーに対抗できる実力をつけていったわけです。

ただし、加盟国は西アジア〜北アフリカの中東諸国、アラブ諸国だけではありません。南アメリカのベネズエラやエクアドル、東南アジアのイン

ドネシア、中南アフリカのナイジェリアなども含まれていることに注意してください。1967年にアラブの盟主エジプト＊とイスラエルの間で第3次中東戦争が起きた時、イスラエルを支援する米国・イギリス・西ドイツにアラブ産油国は石油輸出の禁止で対抗しました。ところが、ＯＰＥＣ内の非アラブ産油国が増産して対象国に輸出したため、禁輸戦略は無効になってしまいました。非アラブ産油国とは、先述のベネズエラなど西アジア〜北アフリカ以外の地域の産油国、およびイランです。戦争はイスラエルが短期間で圧勝し、六日間戦争と呼ばれました。

＊エジプトでは、スエズ運河国有化に介入した英・仏・イスラエルを退け（スエズ戦争＝第2次中東戦争）、ナセル大統領の下でアラブ民族主義が高揚していました。

　そこで1968年にはアラブ産油国だけでＯＡＰＥＣ（アラブ石油輸出国機構）を結成します。初めはサウジアラビア、クウェート、リビアの3カ国でしたが、こちらも1973年までに11カ国に拡大します（のちにチュニジアが脱退し、現在は10カ国）。当時は産油国でなかったエジプトやシリアが加盟したことからもわかるように政治的な意味合いの強い結合であり、ＯＰＥＣの機能を補完する役目を持ちました。「アラブ」が付くのでイランは入りません（P.26参照）。

　1973年10月、イスラエルとアラブ諸国との間でまたもや戦争が起きました。第4次中東戦争です。第3次中東戦争でイスラエルが占領した土地（シナイ半島、ガザ地区、ヨルダン川西岸地区、ゴラン高原）の奪還が目的でした。この戦争中、ＯＰＥＣは原油価格を約4倍に引き上げ、ＯＡＰＥＣも原油生産を制限し、イスラエルを支援する欧米諸国に対する禁輸を行いました。軍事的にはまたもイスラエルの勝利で終わった戦争＊ですが、アラブ側の石油戦略は第1次石油危機（オイルショック）を招き、日本や欧米諸国などに大きな経済的打撃を与えました。そして、原油価格の決定権は完全にメジャーからＯＰＥＣに移ったのです。

*1979年にエジプトとイスラエルの間で和平条約が結ばれ、シナイ半島はエジプトに返還されましたが、他の地域は今もイスラエルによる占領が続いています。

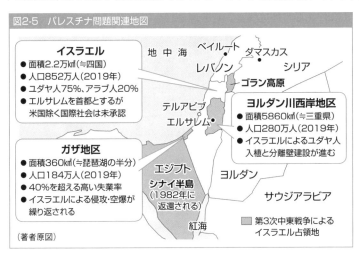

図2-5　パレスチナ問題関連地図

イスラエル
● 面積2.2万㎢(≒四国)
● 人口852万人(2019年)
● ユダヤ人75%、アラブ人20%
● エルサレムを首都とするが
　米国除く国際社会は未承認

地中海　ベイルート　ダマスカス
レバノン　　シリア
ゴラン高原

ヨルダン川西岸地区
● 面積5860㎢(≒三重県)
● 人口280万人(2019年)
● イスラエルによるユダヤ人
　入植と分離壁建設が進む

テルアビブ
エルサレム

ガザ地区
● 面積360㎢(≒琵琶湖の半分)
● 人口184万人(2019年)
● 40%を超える高い失業率
● イスラエルによる侵攻・空爆が
　繰り返される

エジプト
シナイ半島
(1982年に
返還される)
ヨルダン
サウジアラビア
紅海

■ 第3次中東戦争による
　イスラエル占領地

(著者原図)

　さらに1979年には第2次石油危機が発生します。石油国有化に失敗した後のイランでは、メジャーの傀儡(あやつり人形)ともいえるパフレヴィー2世による独裁と近代化(＝非イスラーム化)が貧富の差を拡大させ、多くの国民の宗教的感情を逆撫でしていました。高まる国民の不満を背景にイラン革命が発生、パフレヴィーは国外に亡命し、代わってイスラーム(シーア派)の最高指導者であるホメイニ師が政権を握りました。前政権による世俗化への反動からイスラーム原理主義に基づく政治が展開されます。また、テヘランの米国大使館がイラン人学生によって占拠され、大使館員ら52名が1年以上も人質になります。現在も続くイランと米国の激しい対立はここから始まるのです。

　もちろん、この革命によってメジャーは追い出され、イランの石油産業はついに国有化されます。革命政権は「資源保護」を名目に石油生産を減らして輸出を止め、ＯＰＥＣもこれに協調して増産を控えたため、原油価格は再び高騰しました。メジャーの力はさらに失われていきます。

第1講 地図と交通
第2講 資源・エネルギー
第3講 産業・農林水産業
第4講 文化と生活
第5講 東アジア・東南アジア編
第6講 南アジア編
第7講 西アジア編
第8講 アフリカ編
第9講 ヨーロッパ編①
第10講 ヨーロッパ編②
第11講 ロシア・米国編
第12講 中南アメリカ編
第13講 オセアニア編
第14講 日本編

石油危機後のＯＰＥＣ

　２度にわたる石油危機と、ＯＰＥＣによる原油価格決定権の掌握は、欧米や日本などの西側諸国の経済成長に冷水を浴びせ、いわゆる「低成長時代」をもたらしました。しかし、その影響で２つの新しい動きが見られました。それは脱石油と脱ＯＰＥＣです。

　１つ目の脱石油とは、いわゆる省エネによるエネルギー総消費量の抑制や、代替エネルギーの開発による石油依存からの脱却です。実際、西側諸国の一次エネルギー消費に占める石油の割合は、第１次石油危機の1973年の53.5％から、1986年には45.0％まで低下しています（ENEOS「石油便覧」https://www.eneos.co.jp/binran/index.html による）。

　２つ目の脱ＯＰＥＣとは、ＯＰＥＣに加盟していない産油国での生産増加です。その理由としては、メジャーや輸入国が新しい生産拠点を求めたことや、原油価格の高騰で生産コストの高い海底油田などの開発が可能になったことがあります。とくにメキシコ、北海（ノルウェーとイギリス）の油田で生産が拡大しました。

　こうしてＯＰＥＣは、石油市場での生産量のシェアを縮小させ、同時に国際価格への支配力も弱めていきます。1980年代には、原油価格の低迷とＯＰＥＣの影響力低下が並行して進行したのです。ＯＰＥＣ加盟国間の不協和音も高まります。協調減産によって原油価格を回復させても、「自国だけは」と約束を破って増産する国が現れては価格が低下することが繰り返されたからです。1990年代の初めにはエクアドルやガボンが脱退し、加盟国は11カ国になりました。

　21世紀に入ると、イラク戦争の勃発（2003年）や中国・インドなどの需要増加により原油価格は高騰します。サウジアラビアと並ぶ産油国であるロシアは、原油・天然ガスなどの資源輸出によって高い経済成長を示しました。エネルギー資源に乏しかったブラジルもリオデジャネイロ沖の海底

油田の開発によって、原油輸入国から輸出国に転換します。これら４カ国はＢＲＩＣｓと呼ばれる経済成長の著しい新興国ですね。また、アラブの春（2011年）による緊張の高まりなども原油価格を押し上げました。

　他方で、リーマンショックによる世界金融危機が生じた2008年や、米国のシェールオイルの増産、いわゆる「シェール革命」による原油のだぶつきが顕在化した2015年には、それぞれ原油価格が直前の３分の１にまで暴落しています。もちろん現在の新型コロナウイルス感染拡大による需要減少の影響も計り知れません。

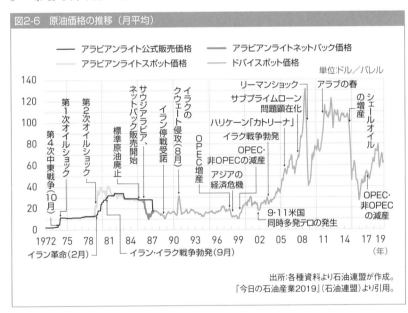

図2-6　原油価格の推移（月平均）

凡例：
アラビアンライト公式販売価格
アラビアンライトネットバック価格
アラビアンライトスポット価格
ドバイスポット価格

単位：ドル／バレル

出所：各種資料より石油連盟が作成。
『今日の石油産業2019』（石油連盟）より引用。

　ＯＰＥＣは、非加盟国のロシアとも協調して生産量の調整と価格の維持を図ってきましたが、1990年代に成長した原油の先物市場には、さまざまなプレーヤーによる巨額の投機的な資金が流れ込んでおり、原油の実際の需給から離れた先行きへの思惑から価格が乱高下するようになっています。最近のＯＰＥＣでは、中南アフリカのアンゴラ、ガボン（再加盟）、赤道ギニア、コンゴ共和国などの新メンバーが加盟する一方、インドネシアやエクアドルが脱退と再加盟を繰り返し*、1961年加盟のカタールが脱

第1講 地図と交通
第2講 資源・エネルギー
第3講 産業・農林水産業
第4講 文化と生活
第5講 東アジア・東南アジア編
第6講 南アジア編
第7講 西アジア編
第8講 アフリカ編
第9講 ヨーロッパ編①
第10講 ヨーロッパ編②
第11講 ロシア・米国編
第12講 中南アメリカ編
第13講 オセアニア編
第14講 日本編

退（天然ガス輸出に集中）するなど、将来の見通しは不透明です。

*1962年に加盟したインドネシアは、国内需要の増加と生産の低下で純輸入国となったため2008年に脱退しました。2016年に再加盟しましたが、その後すぐに再脱退しています。エクアドルは1973年に加盟、1992年に脱退、2007年に再加盟したものの協調減産を守らないことがしばしばあり、「歳入を増やすために増産したい」と2020年1月に再脱退しました。

図2-7　OPEC加盟国（2021年5月現在）

シリア
イラク　イラン　クウェート
アル　　　　　　　　　バーレーン
ジェリア　リビア　　　サウジ　　カタール
　　　　　　　エジプト　アラビア
ナイ
ジェリア　　　　　　　アラブ首長国連邦
　　　　　　　　　　　（UAE）
赤道ギニア
ガボン
コンゴ
アンゴラ　　　　　　　ベネズエラ

☪ OAPEC加盟国
青字はOAPECのみに加盟

ザンビアの銅と中国

なぜタンザニアと中国は結び付いたのか？

POINT

★アフリカ南部の内陸にはカッパーベルトと呼ばれる銅鉱地帯がある
★アフリカの独特な地形環境は内陸交通の発達を妨げてきた
★大陸横断鉄道の開通はアフリカへの中国の進出を象徴する

分裂しつつある大陸

カッパーベルト（Cupper Belt）という言葉を聞いたことはありますか？

「銅地帯」すなわち銅鉱の生産が盛んな地域のことですが、とくにアフリカ大陸南部、内陸国であるザンビアと、大西洋に面するコンゴ民主共和国（旧ザイール。コンゴ共和国という別の国があるので、この講では「コンゴ民主」と表します）の国境

図2-8　カッパーベルト

付近を指します。カッパーベルトは、コンゴ民主側ではオーカタンガ州やルアラバ州*、ザンビア側ではそのものずばり「カッパーベルト州」に属しています。

銅鉱といえば南アメリカのチリが世界一の産出国ですが、カッパーベルトの銅鉱は高品位で知られており、銅だけでなくレアメタル（希少金属）として注目されるコバルトも豊富です。

この講では、カッパーベルトを中心に、内陸国ザンビアをはじめとするアフリカ南部に注目します。

* ザイール時代にはシャバ州と呼ばれていた地域が、コンゴ民主共和国に改称後カタンガ州となり、2015年にこれがオーカタンガ（上カタンガ）州、ルアラバ州を

含む4州に分割されまし
た。

カッパーベルトは、アフ
リカ大地溝帯（グレートリ
フトヴァレー、図2-9参
照）と呼ばれる「大陸の裂
け目」のすぐ西に位置して
います。死海のある渓谷か

図2-9　アフリカ大地溝帯

ら、紅海、エチオピア高原を経由してタンザニアにいたる南北3000km以
上の谷です。ちょっと脱線して、このアフリカ大地溝帯について簡単に説
明しておきます。

　地球の表面は硬い地殻（地球の殻にあたる岩石部分）に覆われています
が、そのすぐ下のマントル最上部はきわめて粘性が高く、地殻とともに硬
い層をなしています。この地殻とマントル最上部を合わせた層は十数枚の
「プレート」に分かれています。

　マントルの対流を駆動力とするプレートの動きは、大陸移動のような地
球表層での大規模な運動を生み出します。また、プレート同士の相互運動
（狭まったり、広がったり、横にずれ動いたり）の結果、それらの境界に
は中央海嶺や海溝などが発達し、地震・火山活動などが盛んになります
（このようなプレートの動きで大地形の成り立ちを説明する理論を「プレ
ートテクトニクス」といい
ます）。

　アフリカ大地溝帯の直下
では、マントル対流の上昇
流がプレートにぶつかり、
東西に分流する動きでアフ
リカプレートを2つ（西の

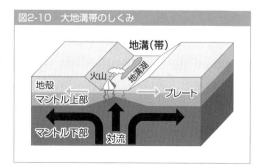

図2-10　大地溝帯のしくみ

ヌビアプレートと東のソマリアプレート）に裂こうとしているのです。つまり、新しいプレート境界が作られようとしている現在進行形の現場であると考えられています。この地溝帯に沿って、タンガニーカ湖やマラウイ湖などの裂け目のような断層湖、キリマンジャロ山やキリニャガ山（ケニア山）などの火山が見られます。地溝部分ではプレートが薄くなっており、湧き上がるマグマが噴出しているわけです。

そういえば、世界一の銅産出国チリもアンデスの火山帯に沿っていますし、火山国日本も明治頃までは有数の銅産出国でした（別子銅山・足尾銅山・日立銅山……）。たとえば、地下に大量のマグマがあると、岩石から熱水（高温の水）に銅の他、金・鉛・亜鉛などの元素が溶け込み、それらが熱水の温度低下によって沈澱して鉱床を作ります。海嶺（海底火山）付近の熱水鉱床が、海洋プレートの移動に伴って日本列島のような陸地に付加されるパターンもあります。それぞれの地域で鉱床の成り立ちは違っていますが、銅資源の分布と火山帯の分布には深い関連があるようです。

アフリカ内陸の開発が遅れた理由

閑話休題、たしかにカッパーベルトには銅資源が豊富に存在していますが、長く内戦が続き情勢が不安定だったコンゴ民主はもちろん、内陸国ザンビアにも国内には地下資源の使い途はそれほどありません。そうなると、湾岸諸国における石油と同じように輸出して儲けるしかないのですが、鉱山から港までの輸送手段が問題です。

ヨーロッパのライン川やドナウ川、南アメリカのアマゾン川で見られるように、内陸交通の手段として、伝統的に河川が利用されてきました。しかし、アフリカ大陸では河川交通は発達しません。なぜなら、アフリカ大陸の大部分が「テーブル状」と表現される卓状地や楯状地*であり、内陸から流れる河川の多くは「テーブルの縁」で滝や急流となっており、船の往来を妨げるからです。

* 地形学では「西洋の盾を伏せた」ような形から「盾状地」と書きますが、地理の

教科書では「楯状地」となっています。自然地理の分野ではこのような不統一がいくつもあって、受験生や予備校講師を悩ませています。

たとえば、カッパーベルト付近を源に、コンゴ民主の中央に広がる<u>コンゴ盆地</u>を流れ、大西洋に注ぐ<u>コンゴ川</u>。中流のキサンガニと下流の首都<u>キンシャサ</u>との間の約1700kmは緩やかな流れで、川幅も広いので船による往来は盛んです。しかし、キサンガニのすぐ上流側や、キンシャサと河口との間には滝があって、カッパーベルトの資源を輸出港に送るのには役立

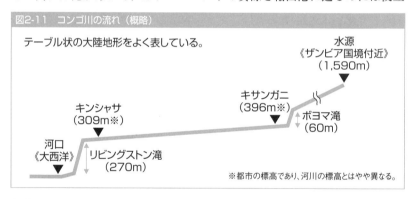

図2-11　コンゴ川の流れ（概略）

テーブル状の大陸地形をよく表している。

水源
《ザンビア国境付近》
（1,590m）

キサンガニ
（396m※）

ボヨマ滝
（60m）

キンシャサ
（309m※）

河口
《大西洋》

リビングストン滝
（270m）

※都市の標高であり、河川の標高とはやや異なる。

ちません。

また、ザンビアと南隣のジンバブエとの国境を流れる<u>ザンベジ川</u>では、中流の<u>ヴィクトリア滝</u>（世界三大瀑布の１つ。他の２つは北アメリカのナイアガラ滝と、南アメリカのイグアス滝）が有名ですが、下流のモザンビークにも別の滝があって、コンゴ川と同様に船舶交通は分断されています。このように、テーブル状の地形は水運を妨げるという形でアフリカ内陸部の開発を遅らせることになったのです。

となると、銅資源を「宝の持ち腐れ」にしないためには、陸上交通に頼るしかありません。ザンビアは、かつて北ローデシアとしてイギリスの統治を受けていました。先述のザンベジ川の大きな滝に、ヴィクトリア女王にちなんだ名をつけたのはイギリス人宣教師です。イギリスの植民地政治

家セシル＝ローズ*は、大陸南端のケープ植民地（ケープタウン）をオランダから奪い、さらに北に向かってポルトガルの勢力を追い払いつつ内陸に支配地域を拡大。そこが、ローズの名からローデシアと名付けられます。さらにザンベジ川を境に南北に分けられて、北ローデシアと南ローデシア（現在のジンバブエ）になったのです。

---

*若い頃、南アフリカ共和国・キンバリーでのダイヤモンド採掘で金儲けをして、
有名なデビアス社を設立した人でもあります。

その後イギリスは、ケープタウンとエジプトのカイロを鉄道で結ぶ「アフリカ縦断政策」を進めます。この鉄道計画は未完成に終わっていますが、1900年前後に南アやモザンビークから北ローデシア北部までの路線は完成します。1925年に北ローデシアで銅鉱床が見つかると、このローデシア鉄道を経由して南アの港から輸出され、イギリス本国に多大な利益をもたらしたのです。

図2-12　ケープ＝カイロ鉄道計画

アレクサンドリア
カイロ
ワディハルファー　アスワン
ハルツーム
ワウ
マラバ
モンバサ
ザンビア　ダルエスサラーム
カピリムポシ　ジンバブエ
リヴィングストン　ブラワーヨ
南アフリカ
ケープタウン

青い部分がイギリスの勢力圏。
アフリカ東部を縦断していることがわかる。

大きくなる中国の存在感

　北ローデシアは1964年に黒人国家ザンビアとして独立しますが、南ローデシアでは、少数の白人が政権を握ってローデシアを名乗ります。そして、南アフリカ共和国と同様の悪名高い人種隔離政策（アパルトヘイト）を行いました。このため、ローデシアは国連の制裁を受け、ローデシア鉄

第1講　地図と交通
第2講　資源・エネルギー
第3講　産業・農林水産業
第4講　文化と生活
第5講　東アジア・東南アジア編
第6講　南アジア編
第7講　西アジア編
第8講　アフリカ編
第9講　ヨーロッパ編①
第10講　ヨーロッパ編②
第11講　ロシア・米国編
第12講　中南アメリカ編
第13講　オセアニア編
第14講　日本編

道が遮断されてしまったのです。

　内陸国ザンビアにとって、銅の輸出（のための鉄道）は経済的な生命線ですが、外交的にはアパルトヘイトを許すわけにはいかず、この制裁を受け入れざるを得ません。また、コンゴを支配していたベルギーの資本によって1929年に開通していたベンゲラ鉄道（カッパーベルトとアンゴラの大西洋岸を結ぶ）も、アンゴラ内戦（1975〜2002年）で破壊されて使えなくなってしまいました。ザンビアにとっては万事休す。

　そこで登場するのがジュリウス＝ニエレレという人物です。ザンビアの東隣、インド洋に面する国タンザニアの初代大統領で、同国の国際空港に名を残す国民的英雄。彼の指導の下、ドイツ・イギリスの植民地だった本土のタンガニーカ Tanganyika と、奴隷貿易の根拠としてイギリスが支配していた島嶼国ザンジバル Zanzibar が統合されて、1964年にタンザニア Tanzania として独立しました。

　ニエレレはその翌年には中国を訪問し、その経済援助と労働力の提供を得て新

図2-13　アフリカの大陸横断鉄道

しい鉄道の建設に着手します。これがザンビアのカピリムポシと、タンザニア最大の都市でインド洋に面するダルエスサラームを結ぶタンザン鉄道です。1975年に開通し、内陸の資源にとって輸送路となりました。アパルトヘイト後は先述のローデシア鉄道ともつながって、南部アフリカの鉄道網とも一体化しています。

　ところで、なぜ「中国の援助」なのでしょうか？　当時の中国はまだ貧しい発展途上国、大混乱を招く文化大革命（1966〜76年）の最中だったはずです。

　実はニエレレ大統領は「ウジャマー社会主義」（ウジャマーはスワヒリ

語で「同胞的な連帯」といった意味を持ちます）を掲げ、ソ連・中国に続く独自の社会主義路線を推進していたのです。農村を重視して共同体「ウジャマー村」を建設し、自発的な集団農場を育てようとしました。なお、この社会主義化の試みは失敗に終わりますが、独裁政治家ではなかったニエレレは国民の支持が強く、政権は約20年続きました。

中国の側はどうでしょう。当時、社会主義の路線論争からソ連との関係が悪化していたため、国際的な孤立を逃れるようにアジア・アフリカの非同盟諸国との関係を重視していました。なかでも、同じ社会主義国のよしみで、アジアでは北朝鮮やベトナム、ラオス、アフリカではタンザニアなどに対し、自分の暮らしも楽じゃないのに無理して多額の援助を突っ込んでいた時期なのです。1970年代末になると「他人事に首を突っ込んでいる場合ではない」と対外援助を抑制し、国内経済を重視する改革開放路線に転換しました。

しかし、「世界の工場」として飛躍的な経済成長を続けている現在の中国はどうでしょう。実は、再び積極的なアフリカ進出を図っているのです。国内需要が高まり、将来の不足が懸念される資源・食料の供給元を確保し、将来の市場を開拓するために、戦略的な援助や投資を通してアフリカ諸国に対する影響力を高めているのです。

アンゴラ内戦が2002年に終結すると、破壊されて長い間不通だったベンゲラ鉄道も中国の援助で修復され、2014年に運行を再開しています。さらに2019年にはタンザン鉄道とベンゲラ鉄道は連結され、大西洋とインド洋を結ぶ豪華な大陸横断列車が運行されました。中国の存在感がアフリカで高まっていることを象徴する出来事といえます。

三大穀物とは①

なぜアメリカからのMA米輸入量は変わらない？

 「三大○○」いろいろあれど……

「三大美人（楊貴妃・クレオパトラ・小野小町）」のように、人々は「三大○○」が大好きです。地理に関係がありそうなものだけでも、「三大宗教（キリスト教・イスラーム・仏教）」、「世界三大瀑布（ヴィクトリア滝・ナイアガラ滝・イグアス滝）」、「日本三大急流（球磨川・富士川・最上川）」……と、いくらでも思いつきます。観光客を微妙な気持ちにさせる「世界三大がっかり名所（シンガポールのマーライオン・コペンハーゲンの人魚姫の像・ブリュッセルの小便小僧。またはシドニーのオペラハウス）」なんてのもあります。

　その中でも、世界中の人々の生活にもっとも深く関わるものは「三大穀物」ではないでしょうか。本講では、この大切な食べ物がテーマです。近年、生産量などのデータがどのように変化したか、その理由とは何かを調べていきましょう。

　そもそも「穀物」とは何でしょう？　『広辞苑』は「種子を食用とする作物で、多くは人類の主食となるもの」と定義し、「米・大麦・小麦・燕麦・粟・稗・黍・玉蜀黍・豆など」と例示しています。おもにでんぷん質の種子を食べるイネ科の作物で、場合によってはマメ科の大豆などを加える場合もあるようです。

　この中でも「三大穀物」に挙げられるのは、栄養価が高く、広く主食と

されている「米・小麦・とうもろこし」で
す。食糧としてはもちろん、加工原料や飼
料として、さらには重要な貿易品目として
も世界中で生産されています。小麦以外の
ムギ類（大麦*・燕麦・ライ麦）や、雑穀
**に比べて、米・小麦・とうもろこしの世
界生産量はいずれも年7億トン以上と格段
に多く、三大穀物だけで穀物生産全体の90
％を占めているのです。

図3-1　世界の穀物生産量

その他 10%

とうもろこし 39%

小麦 25%

2018年

米 26%

FAOSTATにより作成。

* 大麦は年1.4億トン、他のムギ類や雑穀は1億トン未満の生産量にすぎません。

** いわゆる「雑穀」のうち、粟・稗・黍などをミレット、もろこし（こうりゃん）
をソルガムと区別します。

米を育てるための努力

「三大穀物」のうち、米は日本人の主食です。植物としての稲は、熱帯ア
ジアを原産として、モンスーンアジア*全域に広まりました。今では地中
海沿岸やアフリカ、新大陸**でも生産されています。品種は、粒が丸く短
くて粘り気のあるジャポニカ米（日本型）と、粒が長くて粘り気の少ない
インディカ米（インド型）に大きく二分されます。東北地方の冷害で米が
不作となった1993年には、タイなどからインディカ米が緊急輸入されまし
たが、パサパサした食感は日本人の口に合わず、大変に不人気でした。こ
れらの品種とは別に、アミロース***の含有量の多い粳米と少ない糯米、
水田で栽培する水稲と畑で栽培する陸稲、といった区別があります。

* モンスーンとは季節風のこと。夏の海洋からの季節風が高温と大量の降雨をもた
らす東アジア、東南アジア、南アジアの湿潤地域です。

** 大航海時代にヨーロッパ人が新たに「発見」した南北アメリカ大陸やオーストラ
リア大陸のこと。侵略者の視点に立った用語です。

*** アミロースの含有量が少ないほど粘り気が強くなります。

第1講
地図と交通

第2講
資源・エネルギー

第3講
産業・農林水産業

第4講
文化と生活

第5講
東アジア・東南アジア編

第6講
南アジア編

第7講
西アジア編

第8講
アフリカ編

第9講
ヨーロッパ編①

第10講
ヨーロッパ編②

第11講
ロシア・米国編

第12講
中南アメリカ編

第13講
オセアニア編

第14講
日本編

稲は、高温多雨を好む熱帯性の作物ですが、今では日本の東北・北海道、中国最北部の黒竜江省^{ヘイロンチアン}でも盛んに栽培されています。熱帯どころか、亜寒帯気候区を含んでいます。どうしてそのようなことが可能なのでしょうか。1つには、これらの地域は、冬の寒さは厳しくても、稲作を行う夏にはそこそこ高温となることがあります。代かき（田植え前に田を均^{なら}すこと）や田植えのシーズンの降水不足は、雪解け水が補います*。このような自然条件に加えて、品種改良と栽培技術の向上もきわめて大きな要因です。

---

* 近年問題となっている地球温暖化で、降雪が減少し、雪解け時期が早まると、寒冷地での稲作に深刻な影響を与えることが懸念されます。

苗の積み込み（© Ryusuke Seto）Flickrより

米の品種改良といえば「コシヒカリ」「ひとめぼれ」「あきたこまち」「ななつぼし」、最近では「新之助」など、味の良い米を作るイメージがありますが、南北に長い日本の稲作の歴史においては（人工的な品種改良は明治以降ですが）、耐病性・耐虫性による反収^{たんしゅう}*の増加と並んで、耐寒品種を生み出すことが大きな目標でした。「コシヒカリ」など現代の品種もまた、強い耐冷性をベースに、食味の良さを兼ね備えているのです。

---

*「反」は昔の面積の単位で約10アール（1アールが10m四方の広さなので、10アールは1000㎡に当たります）。よって反収とは10アール当たりの収穫量のこと。「単収」と書く場合は「単位面積当たり収穫量」という意味で、反収とほぼ同義です（国際的な統計では1ヘクタール〈＝100アール〉当たり収穫量を指す場合もあります）。

第1講
地図と交通

第2講
資源・
エネルギー

第3講
産業・
農林水産業

第4講
文化と生活

第5講
東アジア・
東南アジア編

第6講
南アジア編

第7講
西アジア編

第8講
アフリカ編

第9講
ヨーロッパ編①

第10講
ヨーロッパ編②

第11講
ロシア・
米国編

第12講
中南
アメリカ編

第13講
オセアニア編

第14講
日本編

ただ、寒冷地ではいくら品種改良をしても、稲の開花・結実期に低温になると稲は実りません。これを防ぐには、1日でも早く田植えをする必要があります。そのため、田植え前の苗を育てるための「苗代（なわしろ）」を工夫しました。これが1960年代に普及した「保温折衷苗代」です。代かきをした田を揚げ床（とこ）にして籾（もみ）を播（ま）き、土と、断熱効果のある焼き籾殻で覆って、さらに油紙を被（かぶ）せます。水は溝だけに入れます。「折衷」とは、水を入れない畑の苗代と、水を入れる苗代のいいとこ取りを意味します。苗の生長に従って水を増やし、強い苗を早い時期に育てることができるのです。

現在では、田植え機にアジャストした箱の中で育苗し、油紙の代わりにビニールのシートを使い、ハウスや大規模な育苗センターなどの施設を利用しています。こうして、春の到来が遅い寒冷地でも冷害を避けながら安定的に稲作することが可能となったのです。

🌐 人口を支える米のパワー

これほどに日本人が米づくりにこだわってきたのは、それだけこの穀物が食料として優秀だからでしょう。栄養価も反収も高く、人口支持力（人口扶養力）が高い、つまり同じ面積で養える人数が多いのです。米の大部分は水田で栽培される水稲ですが、水を張った状態で栽培することは、畑作に比べてたくさんのプラスの影響を稲の生育に与えます。

① 水田の土壌とその中に棲（す）む微生物や細菌は、大気・土壌・動植物に含まれる窒素やリン酸、カリウムなどを取り出して、稲が吸収できる形に変えてくれます。

② 毎年、河川水を入れ替えることでさまざまなミネラルが補給され、過剰な成分は流し出してくれるので、連作障害が生じず、同じ作物を毎年栽培し続けることができます。

③ 水を張ることで酸欠状態になるので、雑草や有害な線虫などの増殖を抑えることができます（逆に、田植えから1カ月後くらいにいったん水を抜く「中干し」によって、土中に酸素を与えて稲の根を強くすることも行

いますﾞﾞﾞ）。

④　水は比熱が大きく保温効果を持つため、春先の寒さから稲を守ること
ができます。

　人口支持力の高い米ですから、その主要栽培地域は人口稠密地域でも
あります。下の統計（表3-1）をご覧ください。

　アジアの人口上位国と米の主要生産国が重なり合っているのがわかりま
すね。稲作は基本的に自給を目的に行われ、その国の人口を扶養している
わけです。世界の米の生産量の９割はアジアに集中しています。アメリカ
合衆国・ブラジルなどは、モンスーンアジアの伝統的な米の産地・消費地

表3-1　世界の国別人口（左）と米の生産量（右）※着色はモンスーンアジアの国

（2020／単位:千人）		（2018／単位:千トン）	
中国	1,439,324	中国	212,129
インド	1,380,004	インド	172,580
アメリカ合衆国	331,003	インドネシア	83,037
インドネシア	273,524	バングラデシュ	56,417
パキスタン	220,892	ベトナム	44,046
ブラジル	212,559	タイ	32,192
ナイジェリア	206,140	ミャンマー	25,418
バングラデシュ	164,689	フィリピン	19,066
ロシア	145,934	ブラジル	11,749
メキシコ	128,933	パキスタン	10,803
日本	126,476	カンボジア	10,647
エチオピア	114,964	アメリカ合衆国	10,170
フィリピン	109,581	日本	9,728
エジプト	102,334	ナイジェリア	6,809
ベトナム	97,339	韓国	5,195

『世界国勢図会』第31版により作成。　　　　　FAOSTATにより作成。

第1講 地図と交通
第2講 資源・エネルギー
第3講 産業・農林水産業
第4講 文化と生活
第5講 東アジア・東南アジア編
第6講 南アジア編
第7講 西アジア編
第8講 アフリカ編
第9講 ヨーロッパ編①
第10講 ヨーロッパ編②
第11講 ロシア・米国編
第12講 中南アメリカ編
第13講 オセアニア編
第14講 日本編

からは遠く、人口の割には米の生産量は多くありません（とはいえ、両国の生産量はすでに日本の生産量を上回っています）。ロシアは寒冷で稲作には向きません。パキスタンは南アジアにありますが、国土の大半が乾燥帯で、稲作よりも小麦の栽培が盛んな国です（それでも、インダス水系における灌漑農業で米づくりも盛んで、輸出国でもあります）。

　逆に東南アジアのベトナムやタイ、ミャンマーは人口順に比べて米の生産量の順位が上位にきています。これは輸出が盛んであることを示しています。現在の米の輸出上位国といえば、インド *、ベトナム **、タイ ***、アメリカ合衆国、パキスタンなどですが（2017年、ＦＡＯ統計）、よく「米の貿易市場は『薄い』」といわれます。なぜなら、世界生産量に占める貿易に回される割合は5～6％にすぎないからです。やはり、米は「自給的な作物」なのですね。

＊ インドは慢性的な食料不足を補うため米の輸入大国でしたが、高収量品種を導入した「緑の革命」以来の増産によって、1980年代までに米の自給を達成、1994年に輸出規制を撤廃し、近年は輸出量を急増させています（図3-2参照）。米を盛んに輸出する一方で、インド国内では貧困層の飢餓が深刻で、貧富の格差を拡大・放置する政策の矛盾が明らかになっています。

＊＊ ベトナムは社会主義体制の下で対外開放と市場経済化を進める「ドイモイ（刷

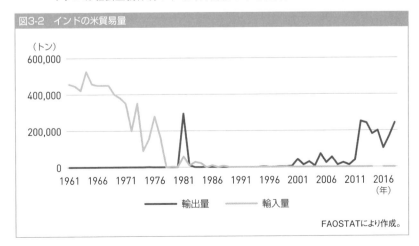
図3-2　インドの米貿易量
FAOSTATにより作成。

057

図3-3 ベトナムの米生産量

（トン）

FAOSTATにより作成。

新）政策」の導入（1986年）によって、農家の生産意欲が向上し、米やコーヒー豆などの生産・輸出が急増しました（図3-3参照）。1986年から2020年までに人口は約1.5倍に拡大していますが、米生産量は約3倍になっています。

*** タイは長い間世界一の米輸出国でしたが、2012年以降は首位の座をインドに譲る年がほとんどです。アジア通貨危機の後に実業家から政治家に転身したタクシン首相が、事実上の政府買い取りによる価格維持政策（籾米担保融資制度）を導入したため、国内価格が上昇して2012～13年には輸出が大幅に減少しました。

 日本人が食べる米の量は？

ところで、米を量る単位として日本人は「合」「升（しょう）」や「石（こく）」などを用いてきました。1合は180cc、米1合は150～160gになります。これは、1食で食べる米の量を意味しています。10合で1升、10升で1斗（と）、10斗で1石ですから、1石は1000合（約150kg）*。1人の大人が1食1合で1日3食、365日食べると、約1000合ですから、1石というのは大人1人分の年間消費量なのです。「加賀百万石」は100万人を養える領地ということになります。「反収」の説明で出てきた「1反」という田の面積は、1石の米を作れる広さとして規定されました（栽培技術の進歩などで現代の反収はその4倍程度になっています）。

さて、世界の総人口約78億人（2020年）のおよそ6割に当たる46億人がアジアに住んでいます。単純化のために、アジア人全員が米を食べて生活していると仮定すると、年間では150kg／人×46億人＝6900億kg。つまり6.9億トンとなって、実際の世界の米の生産量（年7.8億トン）に近い値を導くことができます。もちろん、アジアでも米以外を主食とする地域もあれば、アジア以外で米を食べる人々もいるのですから、乱暴な「単純化」だけれども、およそのスケールを推定する思考実験としては面白いと思うのですが……。

＊他によく使われる単位の「俵」は、明治時代に1俵＝4斗と定められており、約60kgです。

では、日本の米の年間生産量も同様に推定できないでしょうか。日本の人口は約1億2650万人なので、150kg／人×1.3億人＝195億kg＝1950万トン。しかし、実際の生産量は972.8万トンですから推定の半分ですね。そもそも、このダイエット時代、「糖質制限」ブームの現代に1日3合もご飯を食べる猛者はそうそういないでしょう。米飯だけで腹を満たすのならともかく、肉・魚・乳製品、野菜と副食もたくさんあります。それに、朝はパンだったり、昼はラーメンだったり、米以外の主食も豊富ですよね。

日本の米の生産量がピークを迎えたのは1967〜68年頃、当時の人口はちょうど1億人でしたから、150kg／人×1億人＝150億kg＝1500万トン。実際の生産量は年1445万トン（1967・68年とも）で「ビンゴ」です。その頃に比べて日本人の食生活はずいぶん豊かになり、洋風化、多様化が進んで、逆に1人当たりの米消費量は半分程度になったわけです。米を食べる量が減っていることは誰でも感覚的にわかっているでしょうが、半世紀余りで2分の1になったというデータは衝撃的ですね。

昔から日本の農業は米づくり中心といわれてきました。新幹線の車窓から見る水田風景は変わらないような気がします。実際、現在でも延べ作付面積の半分以上は田です。しかし、農業産出額に占める米の割合は1968年

第1講 地図と交通
第2講 資源・エネルギー
第3講 産業・農林水産業
第4講 文化と生活
第5講 東アジア・東南アジア編
第6講 南アジア編
第7講 西アジア編
第8講 アフリカ編
第9講 ヨーロッパ編①
第10講 ヨーロッパ編②
第11講 ロシア・米国編
第12講 中南アメリカ編
第13講 オセアニア編
第14講 日本編

の46％に対し、2018年では19％にすぎず、単価の高い畜産（35％）だけでなく、野菜（26％）さえも下回っています。もはや、どちらが主食かわかりません。

 減反と輸入自由化

　農家の作った米の全量を政府が買い上げる食糧管理制度は、戦時中の統制経済の一環として始まったものですが、終戦後も食料難の緩和のために改正を繰り返しつつ継続されます。食料供給が安定した後も、農民と都市労働者との所得格差を縮め、農家を保護するための制度に変質しながら続きました。

　しかし、生産者米価が消費者米価よりも高いという「逆ざや」による食管赤字（食糧管理制度による赤字）と、倉庫に積み上げられてカビ臭くなった政府米（1年経つと古米、2年で古々米……）の在庫に悩まされた政府の、1970年代からの減反政策（生産調整）によって、条件の悪い山間部の棚田などでは耕作放棄地が目立つようになっていきました。

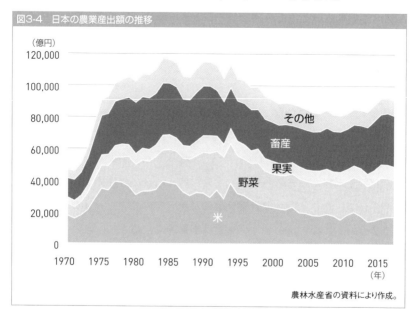

図3-4　日本の農業産出額の推移

（億円）

その他
畜産
果実
野菜
米

120,000
100,000
80,000
60,000
40,000
20,000
0

1970　1975　1980　1985　1990　1995　2000　2005　2010　2015
（年）

農林水産省の資料により作成。

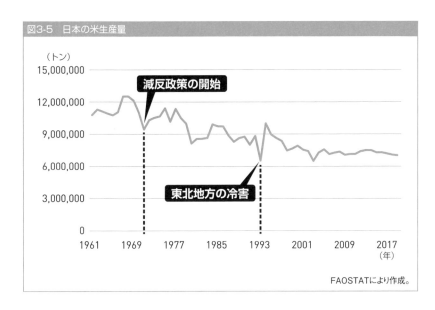

図3-5　日本の米生産量

（トン）

減反政策の開始

東北地方の冷害

FAOSTATにより作成。

第1講　地図と交通
第2講　資源・エネルギー
第3講　産業・農林水産業
第4講　文化と生活
第5講　東アジア・東南アジア編
第6講　南アジア編
第7講　西アジア編
第8講　アフリカ編
第9講　ヨーロッパ編①
第10講　ヨーロッパ編②
第11講　ロシア・米国編
第12講　中南アメリカ編
第13講　オセアニア編
第14講　日本編

　1993年、東北地方の冷害による不作でタイ米などが緊急輸入されたことをきっかけに、米の市場開放が議論されるようになります。選挙における農村の票を背景にした政権与党の意向もあって、「一粒たりとも米の輸入は認めない」としてきた日本政府でしたが、自由貿易を推進するＧＡＴＴ（関税と貿易に関する一般協定）のウルグアイ・ラウンドにおける交渉の結果、ついに米の市場開放を受け入れます*。「関税以外の貿易障壁を認めない（例外なき関税化）」という原則に抗って、関税化を拒否する代わりに割り増しされた最低輸入機会を確保することになったのです。

＊この決定は自民党政権下ではなく、非自民の細川連立内閣（1993～94）の時でした。

　最初の年、1995年には国内消費の４％を輸入しました。その後、毎年0.8％ずつ枠を拡大する決まりで、５年後の2000年には８％になる予定でした。ところが、実際には1999年に日本が関税化受け入れに政策を転換したので、ＧＡＴＴを引き継いだＷＴＯ（世界貿易機関）のルールによっ

て、ミニマムアクセス（MA）米として7.2％分（76.7万トン）の無関税輸入を続けています。MAは「最低輸入機会」などと訳されるように、輸入機会の提供であって輸入義務ではないのですが、日本政府は国家貿易としてMA枠いっぱいの米を輸入しています。政府の見解としても義務ではないのに、需要の低下している米をなぜ輸入し続けているのでしょう？

1995年の輸入開始以来、タイ、中国、オーストラリアなどからの輸入量は年ごとの変動が大きいのですが、アメリカ合衆国からの輸入だけは全量のほぼ半分、35〜36万トンに固定されています。グラフを見ながらさまざまな分野での日米関係を考えると、「圧力」とか「密約」といった言葉が頭をよぎりますが、もちろん政府はそんな憶測を認めてはいません。

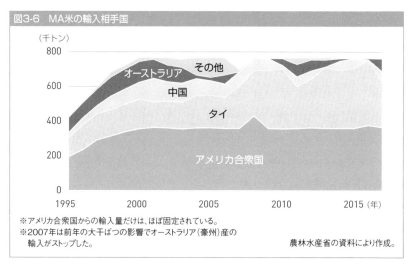

図3-6　MA米の輸入相手国

（千トン）

※アメリカ合衆国からの輸入量だけは、ほぼ固定されている。
※2007年は前年の大干ばつの影響でオーストラリア（豪州）産の
　輸入がストップした。

農林水産省の資料により作成。

なお、輸入されたMA米は、国内の食用米市場への影響を抑えるため、おもに加工用・対外援助用などに使われています。最近では、世界的なとうもろこし価格の高騰を受けて飼料用としての販売も増えています。

とうもろこし……。そうそう、「三大穀物」の話をしているはずだったのに「米」の話に終始してしまいました。次に、とうもろこしや小麦についてお話ししましょう。

三大穀物とは②

穀物メジャーたちが作った「フードシステム」

POINT

★小麦の栽培は西アジアから、ヨーロッパを経由して新大陸に広まった
★小麦やとうもろこしの流通は米国の穀物メジャーに支配されている
★とうもろこしは近年の食用以外の用途の拡大で生産量が急増している

麦の秋は秋じゃない

　小麦は、西アジアの「肥沃な三日月」、あるいはカフカス（コーカサス）地方が原産地と考えられているイネ科の穀物です。

　この地域では、今から1万年前に野生種の小麦・大麦・えんどうなどの栽培化と、羊や山羊の家畜化が始まっています。小麦栽培はメソポタミア地方から中国およびヨーロッパへと広まり、15世紀からの大航海時代にはヨーロッパ人の手で新大陸（南北アメリカ大陸・オーストラリア大陸）へと持ち込まれました。

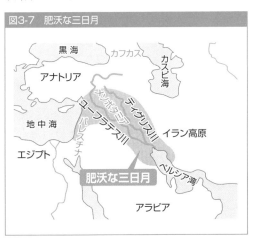

図3-7　肥沃な三日月

黒海　カフカス　カスピ海　アナトリア　地中海　メソポタミア　ティグリス川　ユーフラテス川　パレスチナ　イラン高原　エジプト　ペルシア湾　肥沃な三日月　アラビア

　おもに胚乳部分を粉にして食べますが（つまり小麦粉）、食物繊維が豊富なふすま（ブラン）と呼ばれる外皮の部分も食べることがあります。胚乳にふすまなども含めて粉にしたのが全粒粉です。

　小麦粉は、パンや麺、関西では「コナモン」の材料としてお馴染みです。マグレブ地方（北アフリカ）では粒状に丸めたクスクスという食べ方

クスクス料理（Couscous © Kim）Flickrより

もあります。クスクスは、よゐこ濱口さんのチネリ米とほぼ同様のものですが、多分こっちが先です（知らない人は読み飛ばしてください）。

さて、高温多雨を好む米に比べると、小麦はやや冷涼で乾燥した気候での栽培が可能になります。年平均気温10〜20℃、年降水量500〜750㎜くらいの地域が主産地となっています。アジアに集中する米の産地に対し、小麦の産地は世界各地に広がっています。

米と小麦の栽培には、もう1つ大きな違いがあります。それは収穫時期です。歳時記には「麦の秋」「麦秋」という季語がありますが、これは麦の穂が黄金色に熟して収穫の時期を迎える初夏の季語。麦にとっての「実りの秋（とき）」というわけです。

麦秋（むぎあき）や　子を負ひながら　鰯（いわし）売り　　　　一茶

米は春から初夏にかけて田植えをして秋に収穫しますが、世界で栽培される小麦の大半を占める冬小麦は秋から初冬に播いて、初夏に収穫します。夏に米を作り、冬に裏作として小麦を栽培する「二毛作」が成立するのは、米と小麦で栽培時期が逆だからです。西アジアから小麦栽培が伝わったヨーロッパ地中海地方は、夏には乾燥し、それほど多くない降水が冬に集中する気候ですから、この冬小麦の栽培に適しています。

ただし、冬の寒さが厳しい高緯度地方では、春に播いて晩秋に収穫する特別な品種である春小麦を栽培することになります。アメリカ合衆国北部のノースダコタ州・サウスダコタ州からカナダの平原3州（アルバータ州・サスカチュワン州・マニトバ州）にかけての地域、ハンガリー、ウクライナからロシアの西シベリアにかけての地域などがこれにあたります。

図3-8　北アメリカ大陸のおもな小麦産地

アルバータ州　サスカ　マニトバ州
　　　　　チュワン州
カナダ　　　　春小麦地帯　　　ウィニペグ
ワシントン州
アメリカ合衆国　　　ノースダコタ州
　　　　　　　　　　　ミネアポリス
サウスダコタ州
カンザス州
　　　冬小麦地帯　　カンザスシティ
　　　　　　　　　ウィチタ
　　　　　　　　　オクラホマ州
テキサス州

ワシントン州は偏西風の影響で冬でも温和であり、高緯度だが冬小麦地帯となっている。
ウィニペグ、ミネアポリスなどの都市は小麦の集散地であり、穀物メジャーの大規模なエレベーター（穀物貯蔵庫）が建ち並んでいる。

　小麦は北半球だけでなく季節が逆になる南半球でも広く栽培されていること、冬小麦だけでなく春小麦が栽培されていることから、1年中いつでも世界のどこかで収穫期を迎えています。それを示したのが次ページの「小麦カレンダー」（図3-9）です。

小麦生産の発展と拡大

　さて、ヨーロッパで発達した小麦栽培において、最大の敵は「連作障害」でした。水田稲作と違って、水の入れ替えのない畑で毎年同じ作物を栽培していると、特定のミネラルが失われてしまううえ、立枯病などの病害が発生しやすくなります。そこで農地を2等分して、一方で作付けする間他方を休ませて（休閑）地力を回復させる方法を採りました。いわゆる二圃式農業です。「圃」は畑のことです。

　アルプス山脈より北側は、南側の地中海地方に比べて降水量が多く土壌も比較的肥沃です。中世に入ると、アルプス以北では気候の温暖化を背景

第1講　地図と交通
第2講　資源・エネルギー
第3講　産業・農林水産業
第4講　文化と生活
第5講　東アジア・東南アジア編
第6講　南アジア編
第7講　西アジア編
第8講　アフリカ編
第9講　ヨーロッパ編①
第10講　ヨーロッパ編②
第11講　ロシア・米国編
第12講　中南アメリカ編
第13講　オセアニア編
第14講　日本編

図3-9　小麦カレンダー

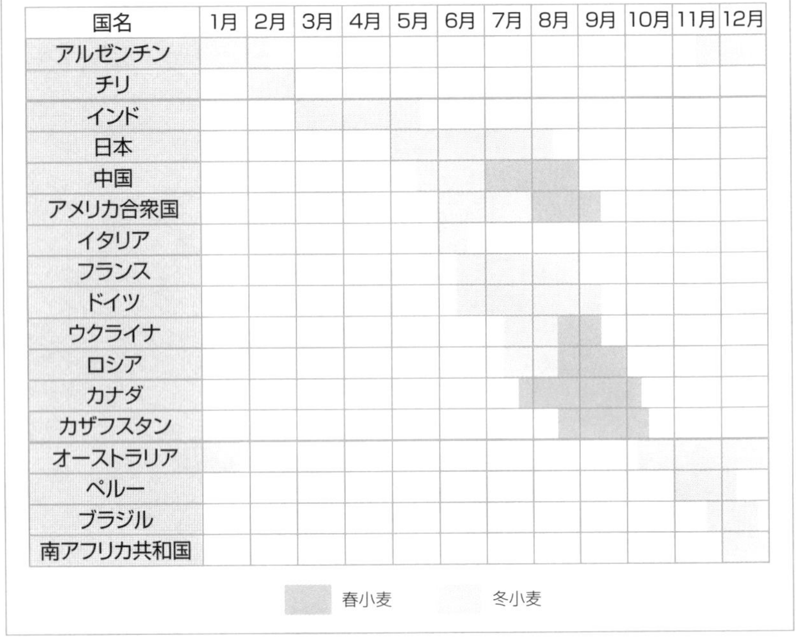

国名	1月	2月	3月	4月	5月	6月	7月	8月	9月	10月	11月	12月
アルゼンチン												
チリ												
インド												
日本												
中国												
アメリカ合衆国												
イタリア												
フランス												
ドイツ												
ウクライナ												
ロシア												
カナダ												
カザフスタン												
オーストラリア												
ペルー												
ブラジル												
南アフリカ共和国												

春小麦　　冬小麦

に、二圃式農業から三圃式農業へと発展しました。農地を３分割して、冬の小麦栽培→休閑→夏の大麦・燕麦栽培のローテーション（輪作）を行うものです。休閑地には家畜を放牧して、その糞尿で地力の回復を促します。夏の穀物は、その家畜の飼料にもなります。土地の利用度が２分の１から３分の２に高まったわけです。

　三圃式農業の開始と同時代の11〜12世紀に普及した重量有輪犂（鉄製の重い犂に車輪を付けて、数頭立ての馬や牛に曳かせ、土地を深く耕す農具）の利用と重なって、農業生産力は飛躍的に拡大しました（重量有輪犂はＵターンが苦手なので、ヨーロッパの圃場は細長い形が多くなります）。

　さらに、三圃式農業から休閑地をなくしたのが近代以降の混合農業です。栽培のローテーションは、冬の小麦→根菜（かぶ・甜菜）→夏の大麦など→牧草（クローバー）と４年で一巡になり、飼料作物のウエイトが高まり、家畜の飼育頭数が増加します。逆にいえば、食用穀物の比重が低下

第1講
地図と交通

第2講
資源・
エネルギー

第3講
産業・
農林水産業

第4講
文化と生活

第5講
東アジア・
東南アジア編

第6講
南アジア編

第7講
西アジア編

第8講
アフリカ編

第9講
ヨーロッパ編①

第10講
ヨーロッパ編②

第11講
ロシア・
米国編

第12講
中南アメリカ編

第13講
オセアニア編

第14講
日本編

しているわけですが、産業革命以降の都市人口増大で高まる食料需要はどうやって満たしたのでしょうか？

　それは新大陸からの安価な穀物の輸入でした。だからこそ、ヨーロッパの農業は畜産中心に商業性を高めたり、園芸農業や酪農などの専業化を進めたりして、輸入農産物に対抗したのです。

　では、その新大陸の穀物生産とはどのようなものでしょうか。一言でいえば「企業的穀物農業」というやつです。適地適作主義の下、小麦の栽培に適した地域で、大型機械や施設を利用して大量生産し、商品としての小麦を世界中の市場に販売して利潤を追求する「ビジネス」です。「適地」とは、北アメリカのプレーリーや、アルゼンチンのパンパ。温和ですが年降水量が500〜600mm程度しかない半乾燥気候であり、かつては温帯草原が広がっていました。プレーリーといえば、草原からひょっこり顔を出すプレーリードッグ（ドッグといってもリスの仲間）の住処ですね。

　このような土地では、イネ科の1年草がわずかな地中の水を吸収するために根を深く伸ばし、その枯れた遺骸が土中の微生物に分解され、黒っぽい腐植（土壌有機物）となって毎年蓄積されます。こうして形成された黒色土は、ウクライナからロシア南部・カザフスタンにかけて広がるチェルノーゼムと同様の土壌で、いずれも世界的な穀倉地帯となっています。

　次ページの表3-2を見てください。小麦生産量の世界第1位・2位は、米の生産と同じ中国・インドですね（P.56参照）。人口規模が突出する両国では、年降水量1000mm以上の湿潤地域では米、乾燥した地域では小麦を、それぞれ自給的に栽培し、莫大な国内の需要に充てていま

プレーリードッグ "Prairie Dog Lookout"（© chumlee10）Flickr より

表3-2　世界の小麦生産量と輸出量

小麦の生産（2018年、千トン）			小麦の輸出（2018年、千トン）		
中国	131,441	17.9%	ロシア	43,966	23.0%
インド	99,700	13.6%	カナダ	22,874	12.0%
ロシア	72,136	9.8%	アメリカ合衆国	22,499	11.8%
アメリカ合衆国	51,287	7.0%	フランス	18,940	9.9%
フランス	35,798	4.9%	ウクライナ	16,373	8.6%
カナダ	31,769	4.3%	オーストラリア	12,353	6.5%
パキスタン	25,076	3.4%	アルゼンチン	11,725	6.1%
ウクライナ	24,653	3.4%	カザフスタン	6,198	3.2%
オーストラリア	29,941	2.9%	ルーマニア	5,881	3.1%
ドイツ	20,264	2.8%	ドイツ	5,229	2.7%
世界計x	734,045		世界計x	190,854	

FAOSTATにより作成。

す。したがって、輸出に回す余力はまったくありません。人口が急増しているパキスタンも同様ですね。

　これらのアジア諸国を例外として、ヨーロッパや新大陸の生産上位国は、輸出量も多くなっています。生産量の5〜6％程度しか輸出に回らない米に対して、小麦の世界貿易は盛んに行われています。表3-2の「世界計」の欄を見ると、小麦の生産量は7億3400万トン余りで米と同程度ですが、輸出量は1億9000万トンで米の4倍以上、生産量

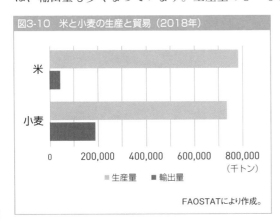

図3-10　米と小麦の生産と貿易（2018年）

■生産量　■輸出量

FAOSTATにより作成。

第1講 地図と交通

第2講 資源・エネルギー

第3講 産業・農林水産業

第4講 文化と生活

第5講 東アジア・東南アジア編

第6講 南アジア編

第7講 西アジア編

第8講 アフリカ編

第9講 ヨーロッパ編①

第10講 ヨーロッパ編②

第11講 ロシア・米国編

第12講 中南アメリカ編

第13講 オセアニア編

第14講 日本編

図3-11　ロシアの小麦貿易

（千トン）

1990年までは旧ソ連のデータ。FAOSTATにより作成。

の26％が輸出されているのです。（上位２カ国などの例外はありますが）小麦が商業的な作物であることがよくわかります。

　なお、2018年の輸出量第１位はロシアですが、旧ソ連時代の後半から、ソ連崩壊後の1990年代前半まではずっと輸入国でした。2000年代に入って、おもに単収（単位面積当たり収穫量）の増加に伴う生産量の拡大、近年では輸出に有利な為替相場（ルーブル安）にも後押しされて輸出が急増しています。

 「メジャー」は石油だけじゃない

　このような小麦の世界的流通は、「穀物メジャー」と呼ばれる巨大企業によって支配されているといいます。石油産業を牛耳る「メジャー」（P.36）に擬えてそう呼ばれているのは、アメリカ合衆国などに本社を置くカーギル社やコンチネンタル＝グレイン社などの多国籍の穀物商社で、アグリビジネス（農業関連産業）を代表する存在です。これらの企業は穀物の集荷・貯蔵・運搬・販売といった流通部門だけではなく、種子開発、製粉、肥料・飼料・農薬や農業機械などの取り引きなどにも進出し、経営を多角化しています。人工衛星を用いたリモートセンシング（遠隔探

査）による世界各地での収穫量の予測などを通して、シカゴの穀物市場などにおける国際価格の形成に強い影響力を持っています。

　今世紀に入って中国・インドなどの新興国における需要増大などから世界的に穀物価格が高騰すると、世界各国は将来的な食料供給の安定を求めて奔走するようになりました。生産手段の確保のために、中南アフリカや東ヨーロッパなどの農地の買収や長期的な借り入れで農業投資を行う活動（ランドグラブ〈土地収奪〉あるいは、ランドラッシュ）が目立ってきていますが、その担い手は中国やインド、中東産油国などの政府系企業や、穀物メジャーなどの多国籍の商社なのです。

とうもろこしを主食にする人々

「企業的穀物農業」や「穀物メジャー」という場合の穀物は、小麦だけではありません。近年、作物としての重要性が高まっているもう1つの三大穀物、とうもろこしも含まれます。とうもろこしは米、小麦と同じイネ科の一年生植物で、熱帯アメリカ（メキシコ〜中央アメリカ付近）が原産地ですが、1492年にアメリカ大陸に到達したコロンブスがヨーロッパに持ち帰り、瞬く間にヨーロッパ全域に栽培が広まりました。さらに16世紀中にアジア・アフリカにも伝播しています。

　織田信長や明智光秀が活躍した頃、日本にもポルトガル人の手でとうもろこしがもたらされました。ただ、今の日本人にとっては、お祭りの屋台で食べる焼きとうもろこし、映画館で食べるポップコーン、ステーキの付け合わせで出てくるミックスベジタブルなどなど、ちょっとマイナーな食材と思われているかもしれません。

　しかし、東アフリカのケニアなどでは、とうもろこしを粉にして蒸したウガリを主食としています。ケニアの南、タンザニアを旅した時に食べたモッチモチのウガリの旨さは忘れられません。また、原産地に近いメキシコでも、とうもろこし粉を練って焼いたトルティーヤを主食としており、それで具を包んだタコスという料理はご存じでしょう。

第1講 地図と交通
第2講 資源・エネルギー
第3講 産業・農林水産業
第4講 文化と生活
第5講 東アジア・東南アジア編
第6講 南アジア編
第7講 西アジア編
第8講 アフリカ編
第9講 ヨーロッパ編①
第10講 ヨーロッパ編②
第11講 ロシア・米国編
第12講 中南アメリカ編
第13講 オセアニア編
第14講 日本編

ちなみに、とうもろこしを英語でコーン（corn）というのは日本人にとっても常識ですが、それはアメリカ英語の話です。イギリス英語ではとうもろこしをメイズ（maize）と呼び、corn は穀物

タンザニアの農村でとうもろこしを粉にする少年（著者撮影）

全体を指します。私もよく利用し、この本の統計やグラフにも多く引用しているFAO（国連食糧農業機関）のオンラインデータベース（FAOSTAT）では、maize のほうで表記しています。英語力の乏しい私がデータベースを使い始めた当初は、「コーンがない！」と焦ったものです。

ところで、前講（「三大穀物とは①」）では三大穀物が穀物生産全体の9割を占めていることに触れましたが、米・小麦・とうもろこし、3種のバランスはどうなっているのでしょうか？

とうもろこしの新たな役割

先ほど、米と小麦の生産量が同程度であることは述べましたが、実はとうもろこしの生産量もまた同じくらいでした。世界人口の増加に伴って、3種の生産量は肩を並べたまま、それぞれおよそ年1000万トンの割合で増加していました。

ところが、21世紀に入る頃から、とうもろこし生産の増加率だけが急に高くなったのです。年間の世界総生産量は米・小麦は7億トン台ですが、とうもろこしだけが11億トンを超えています。食料としての需要ならば、人口の増加に合わせて増えれば間に合うはずです。とすれば、とうもろこしの生産急増は、食用とは別の用途における需要の増加によるはずですね。その「別の用途」は、1つではありません。

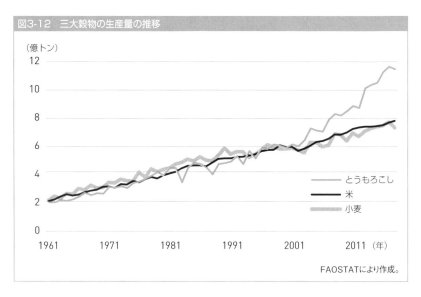

図3-12　三大穀物の生産量の推移

（億トン）

- とうもろこし
- 米
- 小麦

FAOSTATにより作成。

　1つ目は飼料作物、つまり家畜の餌です。中国などの新興国では経済成長によって都市部の人々の暮らしが豊かになって、肉類の消費が拡大しています。中国と同様にBRICsの一員として工業化が進展し、都市の中間層が増加しているインドではどうでしょう？　国民の8割以上が信仰するヒンドゥー教において「聖なる動物」とされる牛の肉こそ食べませんが、代わりにミルクや鶏肉などの生産・消費量が伸びており、それぞれ「白い革命」「ピンクの革命」などと呼ばれています*。

---

*「緑の革命」（P.57）に擬えた呼び名。「緑の革命」とは高収量品種の導入、灌漑の整備、栽培技術の向上による穀物の増産を目指し、インドや東南アジア諸国などの発展途上国における主要食料の自給をもたらした農業改革です。

　2つ目はエネルギー原料。自動車用の代替ガソリンなどとして使われます。とうもろこしからは食用油（コーン油）も搾り取れます*が、ここで説明しているのは、発酵によって得られるバイオエタノールのことです。その製造は、基本的には米や麦による焼酎やウイスキーづくりと同じ。とうもろこしのでんぷんを酵素によって糖化させ、酵母によって発酵させま

す。最後に蒸留によってエタノール濃度を99.5％以上に高めて完成です。

> ＊正確には、とうもろこしの実から、でんぷん（コーンスターチ）などを取り除いた残りの胚芽を原料に、物理的に圧搾したり溶剤で抽出したりして、油を取り出します。

ブラジルではおもにさとうきびを原料にしてバイオエタノールを生産していますが＊、アメリカ合衆国ではとうもろこしが主要な原

図3-13　とうもろこし需要の用途別内訳

（百万トン）

■ バイオエタノール用
□ 食用その他
■ 飼料用

資料：USDA PSD Online data
及び USDA Gain Report
農林水産研究所の資料より引用

料です。バイオエタノールは、再生可能な農作物から作られるため、石油などの化石燃料のように枯渇の恐れがありません。また、農作物の生育時に、光合成によって大気中の二酸化炭素（CO_2）を取り込むため、燃料として燃焼させてCO_2を放出しても、「行って来いでチャラ」ですから、トータルでは大気中のCO_2濃度を高めません。これをカーボンニュートラル（炭素中立）といいます。このため、地球温暖化への対策としても期待されているのです。

　しかし、バイオエタノールの増産はとうもろこしやさとうきびの需給を圧迫しており、価格高騰を招いています。こうした問題は、とくに輸入食料に依存している発展途上国の食料事情悪化に直結することが懸念されています。

＊現在ではリオデジャネイロ沖で海底油田の開発が進み、原油を輸出するまでになったブラジルですが、それ以前はエネルギー資源を輸入に頼っていました。1970年代の石油危機に苦しめられた反省から、ブラジルは早い時期からバイオ燃料の開

第1講 地図と交通
第2講 資源・エネルギー
第3講 産業・農林水産業
第4講 文化と生活
第5講 東アジア・東南アジア編
第6講 南アジア編
第7講 西アジア編
第8講 アフリカ編
第9講 ヨーロッパ編①
第10講 ヨーロッパ編②
第11講 ロシア・米国編
第12講 中南アメリカ編
第13講 オセアニア編
第14講 日本編

発・活用に取り組み、バイオエタノールに対応したフレックス燃料車がよく普及しています。

　日本では、ごくわずかに販売期限を過ぎただけで、推定で140万食分以上のコンビニ弁当が毎日廃棄されているそうです（ジャーナリスト井出留美氏の記事　https://news.yahoo.co.jp/byline/iderumi/20190410-00121727/による）。先進国では、このような「フードロス」が問題になっており、各地のフードバンク活動でその有効利用が図られるほどです。

　一方で、発展途上国の一部では、商品作物を生産するプランテーション（大農園）が優先されて、自給作物には十分な農地や生産資材が充てられておらず、穀物の国際価格の高騰が飢餓を招きかねない状況です。

　いくら遺伝子組み換え作物を開発しても、農薬や化学肥料を使っても、砂漠に水を撒いても、地球上の耕地には限りがあります。穀物メジャーたちが作り上げた現代のフードシステムは、結局は「限られた土地からの収奪」にすぎないのかもしれません。とすれば、さらに人口が拡大することが確実に見込まれる未来には、「食料の醜い争奪戦」あるいは「国際協力による公正な分配」のいずれかが待っているはずです。自国優先主義や排外主義とポピュリズムが蔓延する現状では、理性的な未来を想像する余地は少ないようです。

日本人の「おかず」と食料自給率のからくり

POINT

★日本の食料自給率37％は日本独自の計算方法による意図的な数字
★以前は輸入に向かなかった品目でも、外国産の割合が増加している
★牛・豚・鶏、畜産品の輸入先が「困った理由」で大きく変化している

 「食料自給率」のからくりとは

　前々講で、日本が主食である米の一部をアメリカ合衆国などから輸入している、という話をしました。ただし、輸入分は加工用などに回しており、食用米の自給率は100％です。では、副食、つまり肉や野菜など米以外の農畜産物の自給率はどうなっているのでしょうか。過去の推移も含めて確認しておきましょう。

　次ページの図3-14を見てください。太線で示した総合食料自給率は、1960年の79％から、2018年の37％まで、半分以下に低下しています。もし食料輸入が全面的にストップすれば、1日1食になってしまう（？）という数値ですね。

　しかし、先述の主食の米に加え、鶏卵・肉類・牛乳などの畜産品、野菜、魚介類など多くの食料の自給率はその数値を上回っています。足を引っ張っているのは小麦などの穀物や大豆などに限られます。なぜ「総合」になった途端に数字が低くなるのでしょう？

　これには「からくり」があります。品目別の自給率は重量によって計算していますが、総合食料自給率は熱量（カロリー）をベースにした計算なのです。重量当たりの熱量が小さい野菜や果実をたくさん国内で作っていても、熱量の大きい小麦や大豆の輸入が多いため、総合の自給率は低くなっているのです。

　そのうえ、鶏卵・肉類・牛乳などの畜産品について、海外から輸入した

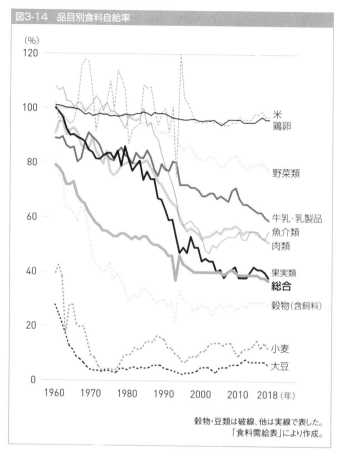

図3-14　品目別食料自給率

（%）

米
鶏卵

野菜類

牛乳・乳製品
魚介類
肉類

果実類
総合

穀物(含飼料)

小麦
大豆

1960　1970　1980　1990　2000　2010　2018 (年)

穀物・豆類は破線、他は実線で表した。
「食料需給表」により作成。

飼料（餌）で育てたものは自給分に含まれないことになっています（飼料
作物の代表格とうもろこしの自給率がグラフには出てきませんが、ほぼ全
量を輸入しており、事実上０％です）。

　国内の畜産農家が牛や豚や鶏を育てる手間ひまは自給率の分子にカウン
トされないのです。

　もうカロリーはいらない？

　さらに、この総合食料自給率の計算で分母となるのは、私たちの摂取熱
量ではなく、供給熱量なのです。つまり、国産と輸入の合計から輸出分を

第1講
地図と交通

第2講
資源・
エネルギー

第3講
産業・
農林水産業

第4講
文化と生活

第5講
東アジア・
東南アジア編

第6講
南アジア編

第7講
西アジア編

第8講
アフリカ編

第9講
ヨーロッパ編①

第10講
ヨーロッパ編②

第11講
ロシア・
米国編

第12講
中南
アメリカ編

第13講
オセアニア編

第14講
日本編

差し引いたもの、国内市場に出回った農産物の熱量全体ということです。ということは、前講でも触れたような莫大な食品ロスも分母に含まれています。日本人1人1日当たり供給熱量は約2400キロカロリーですが、摂取熱量は約1900キロカロリーですから、2割くらいが廃棄されています。1970年代以降、産業構造の変化によって肉体労働は減少し、日常生活でも自動車利用の増加など利便性の向上で運動量は低下しています。健康志向から「カロリーひかえめ」が好まれる現代では、もう私たちはそれほど多くのカロリーを摂取しないのです。もし、実際に摂取している熱量を分母に計算すれば、自給率は約50％にアップします。

分母は大きく、分子は小さく

このように、分母はなるべく大きく、分子はなるべく小さくなるように計算されたのが「総合食料自給率」なのです。供給熱量ベースで自給率を計算している国は世界的に見てごくわずかであり、一般的には生産額ベースで計算されています。日本の生産額ベースによる食料自給率は66％（2019年）となり、供給熱量ベースの2倍近くに跳ね上がります。保護政策で価格を維持している米や、品質が高く消費者の嗜好に合わせて生産される野菜・果実など、単価の高い農産物の自給率が高いからですね。

農林水産省が供給熱量ベースの自給率を公表し始めた1983年といえば、日米貿易摩擦を背景に米国から農産物輸入の自由化が強く求められていた時期です。

「外国の安い農産物が大量に輸入されれば、日本の農業は崩壊、食料自給率はさらに低下、国際情勢によって飢餓が訪れる！」と国民の不安感に訴えるには、「今でも自給率はこんなに低い」というアナウンスが必要だったのでしょう。

考えてみると、もし海外からの輸入が完全にストップすると、自給率の分子（国内生産）と分母（総供給）は同じになって、食料自給率は100％です。もちろん、それは望ましい状態ではありません。食の安全保障とい

う観点から考えるならば、むしろ安定的な食料輸入を可能にする国際関係の確立を図るべきだし、日本農業の振興という観点からは高品質で競争力の高い野菜や果実などの輸出を拡大すべきでしょう。

　国産農産物にこだわって「食料自給率をできるだけ高めなければならない」という政策目標は、必ずしも正しいとはいえないのではないでしょうか。

参考：『日本は世界５位の農業大国』浅川芳裕（講談社）

 ## 卵も輸入されている

　ところで、先ほどのグラフで品目別に自給率の推移を見ると、さまざまな背景が読み取れます。

　たとえば、今も自給率96％を維持する鶏卵。新鮮さを求められるが卵自体の冷凍はできず、割れないように長距離輸送するのも困難です。そのような品目の特性上、あまり貿易には向いていませんね。だからほとんどが国産なのですが、それでも４％は輸入です。

　「価格の優等生」である卵は、スーパーの特売品になることが多いのですが、外国産の卵が売り場に並んでいるのは見たことがありません。実は、殻を除いて冷凍した「液卵」、乾燥させた「粉卵」などの加工品として、菓子の原料、外食産業などの業務用に輸入されているのです。

表3-3　卵の輸入相手国（2019年）

（単位：トン）

液卵		粉卵		殻付き卵	
米国	5,115	米国	2,474	中国	572
中国	1,943	イタリア	849	台湾	183
タイ	1,260	アルゼンチン	588	ドイツ	40
世界計×	**9,185**	世界計×	**4,841**	世界計×	**822**

FAOSTATにより作成。

第1講 地図と交通
第2講 資源・エネルギー
第3講 産業・農林水産業
第4講 文化と生活
第5講 東アジア・東南アジア編
第6講 南アジア編
第7講 西アジア編
第8講 アフリカ編
第9講 ヨーロッパ編①
第10講 ヨーロッパ編②
第11講 ロシア・米国編
第12講 中南アメリカ編
第13講 オセアニア編
第14講 日本編

ちなみに、卵を産む鶏（採卵鶏）の飼養をする国内の畜産農家の戸数は年々減っており、全国で2000戸程度にすぎませんが、残った農家は飼養羽数の大規模化が著しく、10万羽以上を飼う大規模養鶏場も珍しくありません。そのような大規模養鶏場だけで、全国の飼養羽数の75％を占めています。肉用のブロイラーでも同様の傾向になっています。

いずれにせよ、飼料の大半はおもに米国から輸入するとうもろこしなどであり、これを考慮に入れると自給率は10％程度になってしまいます。

「国産野菜」にこだわる意味

鮮度を要求される点では、野菜も鶏卵と同じです。それでも、ほぼ100％だった野菜類の自給率は1980年代から徐々に低下して、現在は77％。多くは冷凍野菜などの加工品ですが、輸送機関・流通の整備によって輸入が可能になってきたことをうかがわせます。

中国では、国内の大都市圏にも日本にも近い沿海部の山東省などで野菜の生産・輸出に力を入れています。ところが2002年には、中国産ほうれんそうの残留農薬が問題となり、その安全性に疑問が投げかけられました。ほうれんそうの中国からの輸入量は激減し、その後も回復できていません。その頃から、外食産業や加工食品に「国産野菜を使用しています」というフレーズを頻繁に見かけるよ

図3-15　冷凍野菜の輸入相手国

（百万円）

- その他
- 台湾
- タイ
- 米国
- 中国

農林水産省の統計により作成。

うになりました。

しかし、前ページの図3-15でわかるように、ほうれんそうはともかく、今も中国産を中心に野菜全体の輸入は増加しています。この間の飛躍的な経済成長を背景に、中国みずからの国内において都市住民を中心に安全な食品を求める要請が高まりました。法規制の強化などによって、中国農業の安全管理体制の確立は一定程度進んでいるようです。

たまにスーパーで見かける中国産野菜は、大規模生産と安い人件費のおかげで国産野菜に比べてたしかに激安です。とはいえ、あの農薬騒動の記憶が残る日本の消費者としては、値段の魅力だけではなかなか手に取れません。そのため、加工用などに回される割合が高いようですから、結局どこかで口にしているのでしょう。

国産にこだわる人も知っておきたいのは、日本も耕地面積当たり農薬使用量が世界トップクラスの農薬大国だということ。最近では、発がん性が疑われる除草剤グリホサートや、生態系への影響が指摘されるネオニコチノイド系農薬などについて、使用禁止に向かうEUなどの潮流に逆行して日本では規制が緩和されています。国産＝安全は本当でしょうか。

南の島の「かぼちゃ御殿」

野菜の中には意外な国から輸入しているものもあります。その中でも特徴的なのが「かぼちゃ」です。ニュージーランドやメキシコが２大輸入先ですが、1980年代後半から2000年代の初め頃までは南太平洋の島国トンガ王国からも輸入されていました。

かぼちゃの旬は夏です。東京の市場に入荷されるかぼちゃの産地は、春先から沖縄・鹿児島・神奈川・茨城と北上し、８〜11月には北海道産が大半を占めます。そして、国産かぼちゃ収穫の端境期にあたる２〜４月の入荷を支えるのがニュージーランド産と、その前後のメキシコ産です。南半球にあるニュージーランドは収穫期が日本と逆になることを利用した輸入です。メキシコは北半球ですが、日本より低緯度で温暖なため、通年の

第1講 地図と交通
第2講 資源・エネルギー
第3講 産業・農林水産業
第4講 文化と生活
第5講 東アジア・東南アジア編
第6講 南アジア編
第7講 西アジア編
第8講 アフリカ編
第9講 ヨーロッパ編①
第10講 ヨーロッパ編②
第11講 ロシア・米国編
第12講 中南アメリカ編
第13講 オセアニア編
第14講 日本編

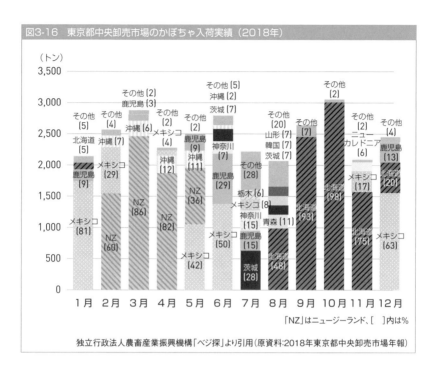

図3-16 東京都中央卸売市場のかぼちゃ入荷実績（2018年）

「NZ」はニュージーランド、[ ]内は%

独立行政法人農畜産業振興機構「ベジ探」より引用（原資料：2018年東京都中央卸売市場年報）

出荷が可能になっています。

　トンガからのかぼちゃ輸入は以前は多かったのですが、このデータには
もう出てきません。何があったのでしょう？　トンガの人々は伝統的にタ
ロイモ・ヤムイモ・キャッサバ（タピオカの原料）などの芋類を主食と
し、これに野菜・魚介類・羊肉、それからココナッツミルクなどを添えた
食生活をしており、かぼちゃは食べません。

　ところが、ニュージーランド同様に南半球に位置することに目をつけた
日本の商社が、端境期を狙ったかぼちゃ栽培をトンガに持ち込んだので
す。「冬至にかぼちゃを食べると健康になる」という言い伝えのため、日
本では端境期の冬でもかぼちゃの需要は高いのですね。他に大きな産業の
ないトンガでは、外貨収入の最大4割がかぼちゃによるものとなり、価格
が高騰した時には「かぼちゃ御殿」が建ち並ぶほどだったそうです。

　ところが、トンガでは種子や肥料・農薬などのすべてを輸入に依存して

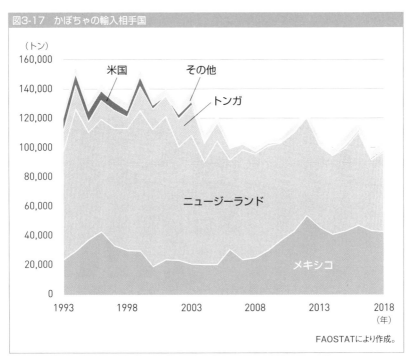

図3-17　かぼちゃの輸入相手国

（トン）

米国　　その他

トンガ

ニュージーランド

メキシコ

FAOSTATにより作成。

いるため、人件費が安い割に生産コストが多くかかります。日本国内における生産の工夫や、輸入先の多角化などによって競争力を失ったトンガのかぼちゃの対日輸出は、最盛期（2003年）の約2万1000トンから、144トン（2017年）にまで低下しており、最近では韓国やニュージーランドなどに新しい輸出先を求めています。きわめて規模の小さいトンガの産業が巨大な日本市場の都合に翻弄された形です。

みかんジュースは調整弁

　1980年代の日本政府は、自動車やカラーテレビなど工業製品の大量輸出による日米貿易摩擦の激化で、アメリカ合衆国からの農畜産物輸入拡大要求に手を焼いていました。とくに要求の強かった牛肉とオレンジについて、アメリカ側に押されてじりじりと輸入枠を拡大し、国内のみかん農家や畜産家の強い反対を抑えつつ、ついに1991年からの輸入自由化を受け入

第1講
地図と交通

第2講
資源・
エネルギー

第3講
産業・
農林水産業

第4講
文化と生活

第5講
東アジア・
東南アジア編

第6講
南アジア編

第7講
西アジア編

第8講
アフリカ編

第9講
ヨーロッパ編①

第10講
ヨーロッパ編②

第11講
ロシア・
米国編

第12講
中南
アメリカ編

第13講
オセアニア編

第14講
日本編

れます。冒頭のグラフ（P.76の図3-14）でも、1980年代後半から、肉類と果実類の自給率が大きく低下していくようすが読み取れます。

みかん農家数や、みかん作付面積も大きく減少していきます。当時の私の疑問は、「オレンジはみかんの代わりになるのか？」。冬のコタツの上に置かれて手で剝くみかん、夏の朝の食卓にデザートとして並ぶカットされたオレンジ、というイメージがあり、オレンジが安く輸入されるからといって、みかんを食べなくなることはないだろう、と考えたのです。実際、オレンジ自由化後もしばらくの間、みかんの消費量が大きく減少することはありませんでした。ただし、それは生食用の話です。1992年にオレンジ果汁の輸入も自由化されると、みかん果汁は駆逐されていきました。

「表年（実がたくさんなる年）」「裏年（よく実らない年）」といって、みかんは年による豊凶の差が大きいのですが、みかん農家にとって困るのは表年です。供給量が多すぎると値崩れを起こすからです。これは「豊作貧乏」と呼ばれます。

そこで、豊作時には果汁に加工することで、生食用の出荷量を調整して価格維持を図っていたのです。だから、オレンジ果汁との競合でみかん果汁の生産が難しくなると、調整弁としてのバッファ機能を失うことになるのです。こうして、みかん農家は衰退していきます。山の斜面での農作業は高齢化する農家にとって維持が難しかった面もあるでしょう。

果物を食べなくなった日本人

ただし、最近ではみかんに限らず果物全体の1人当たり消費量が減少しています。1人1日当たりの供給量で見ると、厚生労働省の推奨する「1日200g」の半分以下。国際比較でもヨーロッパ諸国の3分の1程度しか食べていません。なぜ日本では果物が避けられるのでしょう？

甘いものが好きなこどもが減ったこと、大人は糖分を避ける傾向にあること、皮を剝いたり切ったりしないと食べられない果物より、手軽に食べられるコンビニスイーツなどが好まれていること、そして最大の理由とし

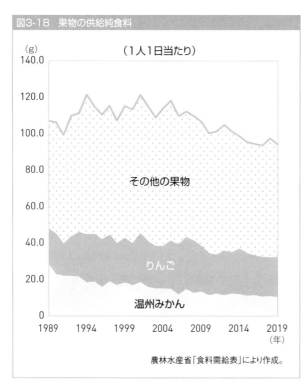

図3-18　果物の供給純食料

（g）
（1人1日当たり）

その他の果物

りんご

温州みかん

農林水産省「食料需給表」により作成。

て「他の食品に比べて割高なこと」。実際、おもな果物の中で消費量が増えているのは、食べやすくて値段も安い輸入バナナくらいです。

日本の果物農家からすれば、自給率低下と消費量低下のダブルパンチですが、ぶどうの「シャインマスカット」のような高付加価値・高品質の品種を開発するなどして、「量より質」を追求し、海外への輸出も視野に入れた新しい経営を模索しています。

牛を太らせる作戦

　肉類はどうでしょう。自給率のグラフでは果実類と同様の推移を見せていましたが、現在では果実類（38％）よりもやや高い自給率（51％）を維持しています。ただし、先述のように飼料の大部分が輸入に依存していることには注意が必要です。飼料自給率を勘案すると、肉類自給率は7％になってしまいます。だからといって、生産コストの高い国産飼料を無理に増産する必要があるかは疑問ですが……。

　肉類といっても、家畜の種類ごとに自給率は当然違います。牛肉38％、豚肉48％、鶏肉64％（2018年）と、結構差があります。輸入割合がもっ

第1講 地図と交通

第2講 資源・エネルギー

第3講 産業・農林水産業

第4講 文化と生活

第5講 東アジア・東南アジア編

第6講 南アジア編

第7講 西アジア編

第8講 アフリカ編

第9講 ヨーロッパ編①

第10講 ヨーロッパ編②

第11講 ロシア・米国編

第12講 中南アメリカ編

第13講 オセアニア編

第14講 日本編

も高い牛肉ですが、先ほどの自由化交渉の経緯から考えてアメリカ合衆国からの輸入が多いのは当然ですが、現在の輸入量はオーストラリア産「オージービーフ」のほうが上回っています。

　アメリカ合衆国の肉牛は、初めは広大な牧草地に放牧されますが、出荷前には「フィードロット」という大規模な肥育場に押し込められ、運動量を制限されたうえでカロリーの高い濃厚飼料をたっぷり与えられます。すると、脂身の多い日本人好みの肉質となって、出荷されるのです。オーストラリアでも、これに倣ってフィードロットを整備し、日本市場の開拓に努めてきました。ただし、オーストラリアが今日のような50％を超える高いシェアを獲得した背景には特別な事情がありました。その時期は、下のグラフ（図3-19）を見ると明らかです。

　2003年、当時問題になっていたＢＳＥ（牛海綿状脳症、いわゆる狂牛病）がアメリカ合衆国の牧場で発生すると、日本はアメリカ産牛肉の輸入

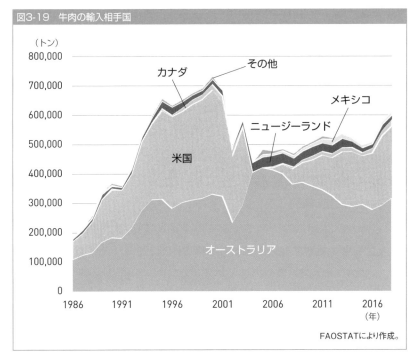

図3-19　牛肉の輸入相手国

（トン）

FAOSTATにより作成。

を全面禁止しました。牛の脳が海綿つまりスポンジ状になるという病気で、感染牛の肉が人間の中枢神経を冒^{おか}すクロイツフェルト＝ヤコブ病を引き起こすと考えられています。

この禁輸は2005年にいったん解除されましたが、翌年1月に再び禁止されるなど混乱を極めました。当時、日本国内でも数頭の感染牛が見つかっています。結局その年の7月に輸入は解禁されましたが、この禁輸は「吉野家」の牛丼を販売停止に追い込み、オーストラリア産牛肉のシェアを大きく高めたのです。これに関連して、2003年には「牛の個体識別のための情報の管理及び伝達に関する特別措置法」、いわゆる牛肉トレーサビリティ法が制定されました。すべての牛に個体識別番号を付けることを義務づけ、その番号から出生年月日や母牛、飼養地などの牛の履歴を追いかけられるようになっています。

豚の病気もどげんかせんといかん！

次は、豚肉の国別輸入量のグラフ（図3-20）を見てください。このグラフでも、牛肉同様の「突然の変化」が読み取れます。それは1997年に台湾からの輸入がストップしていることです。これは台湾で「口蹄疫^{こうていえき}」という豚の感染症が発生したことによります。台湾では400万頭の豚が殺処分になり、養豚業は壊滅的な打撃を受けました。2010年には韓国でも同様の事態になりました。ここでも家畜の病気が国際的な影響を与えています。なお、日本でも2010年に宮崎県などで口蹄疫が発生して、当時の東国原知^{ひがしこくばる}事の対応が話題になりました。

その後は、米国（コーンベルトでの混合農業）、カナダ、デンマーク（工業的な畜産業が発達）などからの輸入が拡大しました。近年では、スペイン産の「イベリコ豚」の輸入が増えています。高級なイベリコ豚はどんぐりで育てられることで有名ですね。

豚肉の世界生産量では、中国、米国、ドイツなどが上位国ですが、ドイツの伝統的な養豚も、森林放牧で秋にどんぐりを与えて、その肉を塩蔵な

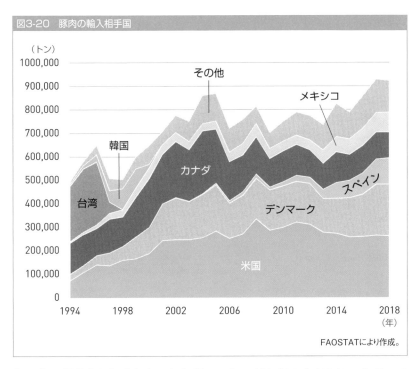

図3-20　豚肉の輸入相手国

（トン）

その他

メキシコ

韓国

カナダ

台湾

スペイン

デンマーク

米国

1994　1998　2002　2006　2010　2014　2018
（年）

FAOSTATにより作成。

第1講
地図と交通
第2講
資源・エネルギー
第3講
産業・農林水産業
第4講
文化と生活
第5講
東アジア・東南アジア編
第6講
南アジア編
第7講
西アジア編
第8講
アフリカ編
第9講
ヨーロッパ編①
第10講
ヨーロッパ編②
第11講
ロシア・米国編
第12講
中南アメリカ編
第13講
オセアニア編
第14講
日本編

どで冬の保存食にしました。これがソーセージなどの食文化につながっています。

最近では豚熱（ＣＳＦ、旧称「豚コレラ」）という病気が話題になっていますが、世界生産量がもっとも多い畜肉として重要性は高いのです。

鶏肉よ、お前もか！

最後に鶏肉です。ヒンドゥー教における牛肉食（牛は聖なる動物として崇められる）、イスラームにおける豚肉食（豚は不浄なものとして避けられる）のような宗教的禁忌（タブー）に引っかかりにくいうえ、牛や豚に比べて飼料コストが安いため、世界の広い範囲で肉用・採卵用に飼養されています。飼料コストが安いというのは、肉１kgを得るのに、牛は穀物飼料10〜11kg以上必要としますが、豚なら3〜3.5kg、鶏なら2.2〜2.3kgで足りるという意味です。また、産まれてから出荷までの日数も２カ月弱と

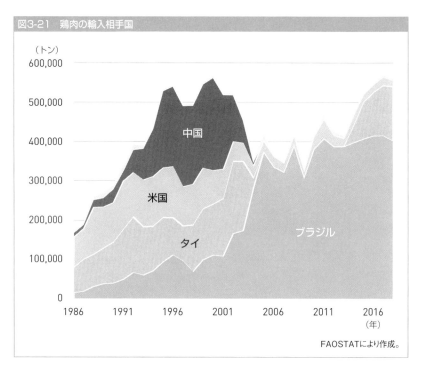

図3-21　鶏肉の輸入相手国

（トン）
600,000

500,000

400,000

300,000

中国

米国

タイ

200,000

ブラジル

100,000

0

1986　　1991　　1996　　2001　　2006　　2011　　2016
（年）

FAOSTATにより作成。

短いです（牛は30カ月、豚は6〜7カ月）。

　さて、日本の輸入相手国のグラフ（図3-21）を見ると、タイや中国からの輸入が2005年頃に突然消えています。牛・豚に次いで、またもやこのパターン……。もう、おわかりでしょうが、これはアジアで拡大した「鳥インフルエンザ」の蔓延によるものです。ただし、加熱した肉には問題がないため、タイの鶏肉は「焼き鳥」などの加工食品としての輸入が続きました。

「不毛の地」から世界的農業地域へ

　アジア諸国からの輸入停止による空隙（くうげき）を埋めるように拡大したのはブラジルからの輸入です。ブラジル高原上の熱帯疎林（そりん）（丈の長い草原の中に低木がまばらに生育する）として知られるカンポセラードには、養分の少ない酸性の赤土が分布しており、長く「不毛の地」とされてきました。

第1講 地図と交通
第2講 資源・エネルギー
第3講 産業・農林水産業
第4講 文化と生活
第5講 東アジア・東南アジア編
第6講 南アジア編
第7講 西アジア編
第8講 アフリカ編
第9講 ヨーロッパ編①
第10講 ヨーロッパ編②
第11講 ロシア・米国編
第12講 中南アメリカ編
第13講 オセアニア編
第14講 日本編

　1979年から日本の協力（ＯＤＡ＝政府開発援助）による土地改良（酸性土壌の中和）・灌漑整備が進み、大豆畑が開拓されています。実は当時の日本は、米国（ニクソン政権）による突然の大豆禁輸（1973年）に見舞われた後でした。豆腐や味噌・醤油など、和食を支える大豆製品の急騰は、石油危機と重なって日本人の生活に打撃を与えました。この時の禁輸は数カ月で終わりますが、日本政府としては新しい大豆輸入先の確保が急務だったのです。

　その後、米国の穀物メジャーによって開発された、除草剤への耐性を持つ遺伝子組み換え（GM）大豆が導入され、除草剤の散布や大型機械の使用を前提とした合理的で大規模栽培が行われるようになり、大豆生産量は急拡大しました。ブラジルの養鶏はこの安価な大豆飼料（搾油後の油かす）の利用で、国際競争力の高い低コスト生産を成り立たせているのです。

　日本の食料自給率を起点に、さまざまな農畜産物の生産・流通について知ることができました。どの国も、どこの国民も、世界中と結びついていなければ生きられない時代です。完全な鎖国をすれば食料自給率は100％ですが、非現実的だし、そもそも日本だけが食っていければそれで十分というものでもないはずです。綺麗事かもしれませんが、各国が互いに協調して、安全な食料の公平な配分を推進する道があるはずです。

　たまたま、この文章を書いている最中に、ＷＦＰ（国際連合世界食糧計画）が2020年のノーベル平和賞を受賞したというニュースが入ってきました。飢餓のない世界を目指して活動する国連の機関で、紛争や自然災害などの緊急時に食料支援を届け、途上国の栄養状態の改善に取り組んでいます。日本がまだ先進国だというのなら、その地位に見合った責任もまた負っているはずです。

世界の林業と 日本の木材自給率

POINT

★森林の分布は、熱帯林・温帯林・亜寒帯林など、気候区分に対応する
★日本の南洋材の輸入は、東南アジアにおける熱帯林の破壊に影響した
★植林による森林資源の維持が不可欠だが、日本では林業の衰退が課題

 森林の分布と使い途

　さて、突然クイズです。2018年における日本の木材自給率は何％くらいでしょう？

　　ア　19％　　　イ　37％　　　ウ　74％　　　エ　96％

　食料自給率（カロリーベース）が37％（2018年）というのは前講で触れましたが、木材についてはピンとこない人も多いでしょう。まあ、あまり引っ張っても仕方ないので、早速正解を発表しましょう。

　戦後の復興が進んだ1955年には96.1％と、100％近かった木材自給率は、その後の高度経済成長とともに急激に低下して、10年後の1965年には73.7％に、1970年には50％を割りました。その後も低下傾向は止まらず、2002年に18.8％と底を打ちます。しかし、その後はやや上昇し、2018年は36.6％まで回復しています。偶然にも食料自給率とほぼ同じなのです（正解はイ）。

　ここでは世界の林業について学びながら、近年の日本の木材

図3-22　木材自給率

（%）

「木材需給表」により作成。

自給率の推移について考えてみましょう。

　林業が立地する前提は2つ。まず、森林があること。もう1つは需要、つまり使い途があること。まずは森林の分布について確認します。

　有名なケッペン（〈1846～1940〉ドイツの気候学者）の気候区分では世界の気候帯を大きく5つに分けて、それぞれにA～Eの記号を与えています。すなわち、熱帯A、乾燥帯B、温帯C、亜寒帯（冷帯）D、寒帯E。これらは、おおよそ赤道から極にかけてこの順で並んでいます。

　さらに、各気候帯はいくつかの気候区に細分されます。

熱帯A………熱帯雨林 Af・熱帯モンスーン Am・サバナ Aw

乾燥帯B……砂漠 BW・ステップ BS

温帯C………温暖冬季少雨 Cw・地中海性 Cs・温暖湿潤 Cfa・西岸海洋性 Cfb

亜寒帯（冷帯）D……亜寒帯湿潤 Df・亜寒帯冬季少雨 Dw

寒帯E………ツンドラ ET・氷雪 EF

　細かいことは後でお話しするとして、ここでもっとも大切なのは、ケッペンは何を手掛かりにこのような分類をしたのか、ということです。「そりゃあ、気候の違いに決まっているだろう」と言われそうですが、世界の千差万別の気候をどう切り分けるのかは難しい問題です。そこで、彼は気候そのものではなく、その地域の気候が目に見える形になって現れた結果としての景観、なかでも樹林や草原といった植物の分布＝植生に注目したのです。そして、植生の変わり目付近の気候要素を研究し、比較的入手しやすい気温と降水量のデータのみで区別できるように工夫しました。

　5つの気候帯のうち、乾燥帯Bは水分が足りず、寒帯Eは適温が得られず、樹木が育ちません（無樹林気候）。熱帯Aでは広葉樹（おもに常緑広葉樹）、亜寒帯（冷帯）Dでは針葉樹、温帯Cではそれらが混合して樹林を成しています（樹林気候）。というわけで、林業はおもに樹林気候の熱帯や温帯～亜寒帯（冷帯）で行われることになります。

第1講 地図と交通
第2講 資源・エネルギー
第3講 産業・農林水産業
第4講 文化と生活
第5講 東アジア・東南アジア編
第6講 南アジア編
第7講 西アジア編
第8講 アフリカ編
第9講 ヨーロッパ編①
第10講 ヨーロッパ編②
第11講 ロシア・米国編
第12講 中南アメリカ編
第13講 オセアニア編
第14講 日本編

次に木材の使い途です。これは大きく分けて２つあります。木材と言われてすぐに思いつく建築や木工、製紙・パルプなどに用いるのが「用材」ですが、もう１つの使い途は何でしょう？

　先進国の暮らしではあまりお目にかからない用途です。キャンプに行ったらバーベキューや焚き火をしますね。そういう時に使う炭や薪。私たちにとってはレジャーですが、電気やガスが普及していない発展途上国の農村では、煮炊きなどに用いる「薪炭材」*はエネルギー源として生活必需品です。そんなの大した量ではないだろうと考えがちですが、なんと「用材」と「薪炭材」はほぼ半々。世界で伐採される木材の49.8％（2017年）は「薪炭材」として用いられているのです。

---

* 最近は、再生可能エネルギーとして間伐材などを木質バイオマス発電に利用する例があるので、これを計上するため日本の林野庁の統計では「薪炭材」の項目が「燃料材」に改められています。

 ## 減少する熱帯林と日本の責任

　熱帯林における林業にはどのような特徴があるでしょう。赤道周辺の東南アジアやアフリカのコンゴ盆地ではジャングル、南アメリカのアマゾン盆地ではセルバと呼ばれる熱帯の密林ですが、気候区分名でもある熱帯雨林（tropical rain forest）という植生は、年中高温多雨の気候の下で常緑広葉樹のさまざまな樹種や蔓植物が混在し、木々は高い樹冠（葉の茂った樹木の上部）を持つため内部の暗い森林です。雨季と乾季がはっきりしたサバナ気候区では、丈の長い草原に疎らな樹林が育ちます。サン＝テグジュペリの『星の王子さま』に出てくるバオバブの木はアフリカのサバナに典型的な巨木です。

　熱帯林の地域は発展途上国が分布しており、先述のように薪炭材としての利用が中心になります。アフリカで人口爆発が起きている地域では、彼らの生活を支えるための薪炭材の伐採や焼畑農業の拡大によって熱帯林の破壊、場所によっては砂漠化が問題となっています。

ただし、熱帯でも東南アジアのインドネシア・マレーシアや、セルバの広がるブラジルなどでは用材としての伐採が多くなっています。建築材として有用なラワンやチーク、高級家具や建具などに使われる硬木として知られるマホガニー・黒檀・紫檀など、利用価値の高い樹種があるのです。硬いものはチップに加工するのが困難ですが、熱帯林には軟らかいものもあるので、製紙・パルプ用にも伐採されています。

　熱帯林の問題は、有用材とそうでない樹木が混在していることです。効率的な大量生産は難しいし、交通の便の悪いところが多く、有用材の搬出のために関係のない樹木まで伐採しなければなりません。薪炭材に加え、用材の生産も森林破壊の大きな要因です。熱帯の強い日差しの下では、いったん裸地になった林地の回復は難しく、熱帯林の減少は深刻です。

　日本は、ビル建設が盛んになった高度経済成長期に、東南アジアからラワンなどの木材（南洋材）を大量に輸入しました。といっても木造のビルを建てたわけではなく、丸太から薄く剝いた木材（ベニア板）を数枚重ねた合板に加工して、コンクリートを固めるための型枠として使ったのです。輸入したラワン材が使われたのは、比較的軽量で強度が高いからだけではありません。型枠はコンクリートで汚れるため、せいぜい３回程度で使い捨てになります。だから、安価であることが求められたのです。当時の東南アジア諸国にとって木材の輸出は重要な外貨獲得源だったので、積極的に丸太を輸出しました。

　1960年代には、距離的に近いフィリピンからの輸入が大部分でしたが、70年代初めまでに森林資源が枯渇してしまいます。そこで次にはインドネシアから、さらに80年代にはマレーシアと、次々と熱帯林を食いつぶしていったのです。そこで、東南アジア諸国は資源の保全や、合板を作る国内製材業の振興のために丸太の輸出を規制します。インドネシアの丸太輸出は1985年に全面的に禁止され、マレーシアでも1993年にボルネオ島サラワク州の丸太輸出が禁止されました。現在では、東南アジアからの丸太輸入

第1講 地図と交通
第2講 資源・エネルギー
第3講 産業・農林水産業
第4講 文化と生活
第5講 東アジア・東南アジア編
第6講 南アジア編
第7講 西アジア編
第8講 アフリカ編
第9講 ヨーロッパ編①
第10講 ヨーロッパ編②
第11講 ロシア・米国編
第12講 中南アメリカ編
第13講 オセアニア編
第14講 日本編

表3-4　木材の主要輸入相手

（単位:%）

1960年		1970年		1980年		1990年	
フィリピン	54	アメリカ	33	アメリカ	31	アメリカ	39
英領ボルネオ	16	フィリピン	17	インドネシア	20	マレーシア	24
アメリカ	14	旧ソ連	13	マレーシア	18	カナダ	15
旧ソ連	9	マレーシア	12	旧ソ連	19	旧ソ連	7

英領ボルネオは、今のサラワク州（マレーシア）とブルネイ。
『数字でみる日本の100年改訂版第7版』により作成。

はごくわずかで、合板などに加工された形で輸入しています。

　日本向け輸出といえば、日本人の好きな「えび」の養殖池を作るために東南アジアの沿岸部の森林であるマングローブ林が伐採されています。地球温暖化や遺伝子資源の保全とも関わる「熱帯林の破壊」は、どこか他所_{よそ}の国の問題ではなく、私たちの生活に結びついているのですね。

 利用度も高いが再生も進む温帯林

　次に温帯林です。東アジア・ヨーロッパ・北米・オセアニアなどに分布しますが、比較的温暖な地域では常緑広葉樹林、やや寒冷な地域では落葉広葉樹と針葉樹の混合林となります。常緑広葉樹林には、硬葉樹林と照葉樹林が含まれます。いずれも季節的な乾燥に耐えるための特殊な葉を持つ樹木の森林です。「特殊な葉」というのは、その表面がワックスのようなクチクラ層で厚く覆われているからです。クチクラは英語でいえばキューティクル。水分を通さず蒸発を防ぐ役目を持っています。

　冬に乾燥する温暖冬季少雨気候 Cw の中国南部などに分布するのが、しい・かし・くすなどの照葉樹林。気候区は違いますが、西日本にも見られます。一方、夏に乾燥する地中海性気候 Cs の地域に分布するのがオリーブ・コルクがし・ユーカリなどの硬葉樹林。コルクがしは樹皮も分厚く、これがワインボトルのコルク栓に加工されるのですね。オーストラリア大

陸のユーカリは、コアラの餌として知られていますが、パルプ原料としての利用が高まっており、ブラジルや中国で植林も行われています。

　温帯林は市場に近く、交通の便も良いのです。とくにヨーロッパでは古くから産業が発達し、都市化が進んだため、森林開発の歴史も長く、そのため本来の植生は早々に失われ（図3-23）、残っていても人工林に置き換わっているところが大半です。

図3-23　世界の森林

冷帯林
温帯林
熱帯林

■ 現存
■ 消失

2018年度 大阪大学 入試問題より引用
原典はAhrends, A. et al.(2017)
China's fight to halt tree cover loss.

　有名なドイツ南西部の「黒い森」シュバルツヴァルトはもみ・とうひなど針葉樹の人工林です。中国では内陸部の砂漠化が深刻で、対策として「緑の長城計画」と称して東北部・北西部などで植林を盛んに行っています。「退耕還林」といって、傾斜地での農耕を禁止して代わりに植林することも進められています。日本でも、戦時中および戦後復興のための伐採の後、1950年代には生育の早いすぎ・ひのきなどの植林が大規模に行われました。今の花粉症患者増加の原因ではないか、といわれていますね。

 亜寒帯林は南半球には存在しない

　最後に亜寒帯林（冷帯林）です。タイガと呼ばれる針葉樹の純林（特定の樹種だけからなる森林）が広大に分布するシベリア（ロシア）やカナダが典型です。フィンランドなどの北欧諸国にも見られますが、南半球にはそもそも亜寒帯が分布しない*ことに注意してください。なお、針葉樹の大部分は常緑で、落葉針葉樹はからまつくらいです。

　*亜寒帯（冷帯）気候は、冬の寒さは厳しく、夏は樹木が育つ程度には暖かくなります。南半球は、温度変化の小さい海洋の面積割合が高く（海陸比は北半球で6：4、南半球で8：2）、南極大陸（寒帯）を除く大陸部の冬がそれほど寒くならない

第1講　地図と交通
第2講　資源・エネルギー
第3講　産業・農林水産業
第4講　文化と生活
第5講　東アジア・東南アジア編
第6講　南アジア編
第7講　西アジア編
第8講　アフリカ編
第9講　ヨーロッパ編①
第10講　ヨーロッパ編②
第11講　ロシア・米国編
第12講　中南アメリカ編
第13講　オセアニア編
第14講　日本編

ので、亜寒帯がないのです。

　亜寒帯林は加工しやすい軟木なので、建築材・パルプ材など幅広い用途
に利用されます（寒冷な地域であるため、薪炭材としての利用も若干見ら
れます）。純林なので効率的な大規模生産が可能で、市場にも比較的近い
ため商業性の高い林業が行われます。熱帯林の減少が世界的な課題となる
中で、近年ではこの亜寒帯林の開発が急速に拡大しています。ただ、カナ
ダや米国では一定の資源管理が行われているものの、ロシア、とくに他の
産業に乏しい極東地域では木材が重要な輸出品となっているため、乱伐に
よる森林の劣化や永久凍土の融解*などの問題が生じています。

　なお、米国の木材需給には二面性があります。大都市の集中する五大湖
周辺や北東部には混合林が分布しますが、需要がきわめて高いため、不足
する木材をカナダから輸入しています。ところが、針葉樹中心の北西部の
山岳地帯やその周辺ではそれほど需要は大きくないので、カナダ西海岸と
ともに中国・日本などのアジア市場への輸出に力を入れています。そのた
め、木材貿易において米国はロシア・カナダに次ぐ世界第3位の輸出国で
ありながら、中国**に次ぐ世界第2位の輸入国でもあるのです。

---

*融解により、ビルやパイプライン等の建造物の損壊、凍土中に閉じ込められてい
た二酸化炭素（CO_2）やメタンガスなど温室効果ガスの放出などが懸念されていま
す。

** 中国では経済成長で木材需要が高まる一方で、森林保全のために伐採が制限され
ているため、海外からの輸入が急増しています。主要な輸入先は北米2カ国の他、
ニュージーランドやロシアなどです。

 日本の林業に未来はあるか

　さて、日本の林業はどうでしょう。日本は国土の3分の2は森林です。
現存する世界最古の木造建築物ともいわれる法隆寺に代表されるように、
日本人の生活は木とともにあったといえるでしょう。しかし、現代の産業

として見た場合、日本の林業は衰退傾向にあるといえます。森林資源は豊富ですが、その大部分は山地林、つまり山の斜面にあるため、生産コストが高いのです。伐採した木材を運び出すための林道の整備も大変です。高度経済成長期以降は、安い外材の輸入が増加したため国産材の価格は低迷します。高齢化した林業従事者による零細経営の下では間伐などの森林の手入れもままならず、ますます生産性は低下しました。

しかし、2000年代後半からは、中国の輸入増などによる世界的な需給逼迫（ひっぱく）によって国際価格が上昇し、外材と国産材の価格差は縮小しました。そのため、国産材の生産はわずかながら増加しています。中国・台湾・韓国などで日本産木材の人気が高まっていること、国産間伐材を使った木質バイオマス発電用の燃料用チップや合板の生産が増えていることなども影響しているようです。また、2019年に完成した新国立競技場の建設には、全都道府県の国産材が使われたことが話題になりました。

一方、人口減少社会の中で住宅用を中心に国内の木材需要は長期的には減退しています。古紙再生の拡大によってパルプ・チップ用材の需要も減りました。つまり、日本の木材自給率は、分母が小さく、分子が大きくなる傾向にあるため、冒頭のクイズ（P.90）のようにある程度回復しているのです。

森林には、林業生産の場としてだけでなく、多様な役割があります。二酸化炭素（CO_2）の吸収（光合成）による地球温暖化の抑制・生物多様性といった地球環境の保全の機能や、「緑のダム」すなわち水源涵養林（かんよう）・土砂災害の防止といった保安林機能から、海岸で魚類の繁殖を助ける魚付き（うお）林の機能、レクリエーションや教育の場としての機能……。林業が経済的に成立することで、持続的な森林の管理・維持が可能になります。その意義は、目先の損得をはるかに上回るものになるはずです。

第1講 地図と交通
第2講 資源・エネルギー
第3講 産業・農林水産業
第4講 文化と生活
第5講 東アジア・東南アジア編
第6講 南アジア編
第7講 西アジア編
第8講 アフリカ編
第9講 ヨーロッパ編①
第10講 ヨーロッパ編②
第11講 ロシア・米国編
第12講 中南アメリカ編
第13講 オセアニア編
第14講 日本編

言語の盛衰あれこれ

なぜ、K-POPは世界を目指すのか？

 テニスの女王と人類の分類

　私たちは人類をカテゴライズして、何気なく「○○人」という言い方を
します。たとえば、白人・黒人・東洋人・西洋人・ユダヤ人・アラブ人・
アジア人・アフリカ人・アメリカ人・日本人・中国人……。

　これらの言葉が示す集団の範囲はどのような基準によるのでしょう。ふ
だんはあまり意識していないかもしれませんが、たとえばテニス選手の大
坂なおみさんは何人でしょうか？

　お父様は「ハイチ系アメリカ人」、お母様は「日本人」。ご自身は「日本
国籍」を選択されましたが、生活の拠点や日常の言葉で見れば「アメリカ
ン」。また、アイデンティティー（自意識）のうえでは、「私は黒人女性」
としてBLM（Black Lives Matter）運動への発言や表現を活発に行って
います。

　先ほどの例示でも、今の大坂選手の説明の中でも、「人種」「民族」「国
民（国籍）」などがごちゃ混ぜになっています。しかし、地理を通して世
界を学ぶうえでは、このあたりをしっかり整理しておきたいものです。政
治的、法的な意味を持つ「国籍」の話はちょっと脇に置いて、ここでは人
種と民族の違いをはっきりさせておきましょう。

 人種という幻想

　「人種」とは、肌の色や、瞳の色、髪の毛の色や特徴（直毛か縮毛か）な

ど、身体的な外見で人類を分類したものです。

これに対し「民族」は，言語、宗教、習慣、アイデンティティーなど——つまり文化的な違いでの分類です。

こう書くと、人種は科学的概念であり、民族はそれに比べて曖昧な感じがするかもしれません。人種は、ＤＮＡを調べれば確定するイメージがありますよね。しかし、すべての遺伝情報を解析する最先端のゲノム解読によって、ヒトの中で「種」の違いに対応するような遺伝子構成の異なる集団は存在しないことがわかっています。

実際、遺伝学の分野では「人種（race）」という用語は使わないようです。ヒトの肌や瞳の色などに多様性があるのは、自然環境などの作用によるメラニンの量の違いなどの蓄積であって、生物学的な種の違いによるものではないのです。

ましてや、ある個人の「肌の色」「顔つき」「体つき」などを言い立てることは、それ自体がレイシズム（racism）＝人種差別につながりかねません。

「ノアの方舟」と人種

歴史上も、人種概念は植民地支配や他民族排斥の口実として使われてきました。18世紀以来の分類法である「三大人種*」、つまりモンゴロイド、ネグロイド、コーカソイドといった表現も使われなくなってきました。現行の地理教科書でも、これらの語はアジア系、アフリカ系、ヨーロッパ系など地域名を使った表現に置き換えられています。

そもそも、「コーカソイド」などの用語自体が白人中心の偏見から生じたものです。ドイツのブルーメンバッハ（1752～1840）をはじめとする18世紀後半の人類学者たちは、ヨーロッパ人種の起源はカフカス（コーカサス）地方に違いないと考えました。

なぜなら、そこは旧約聖書で「ノアの方舟」がたどり着いたと目されているアララト山**に近い場所だから。それで「もっとも美しい人類」であ

り「人類の基本」である自分たちを「コーカソイド***」と称したのです。他の人種はというと……「コーカソイドが退化したもの」と位置付けたそうです。

　もちろん、実際の人類は、どこの大陸に住んでいるものも、アフリカで誕生した共通の祖先から「進化」したことが明らかになっています。

---

* オーストラロイド（オーストラリア先住民など）を加えて四大人種とする場合もありました。

** アララト山（トルコ名：ビュユックアール山）はトルコ南東端にある標高5165mの成層火山。かつてのアルメニア人居住地の中心であり、民族の象徴となっていました。しかし、オスマン帝国による支配を受け、帝国末期にアルメニア人は強制移住させられたのです。この時のアルメニア人虐殺の有無は、今もトルコ・アルメニア間の対立要因の1つとなっています。2020年9月に再燃したナゴルノ＝カラバフ戦争で、アルメニアと交戦するアゼルバイジャンに対するトルコの支援が指摘されるのも、このような対立が続いているからです。

*** ブルーメンバッハは「コーカシア」と名付けました。

 言語と民族

　さて、次に民族＝文化に基づく分類について考えましょう。文化的要素の中でも、もっとも重視されるのは言語です。世界の国の数がおよそ200であるのに対し、言語は7000〜8000（考え方や数え方でさまざまな説があります）。もちろん、同じ言語を話していても民族としては異なる場合もあるし、その逆も然り。ただ、「話が通じる」かどうかは、歴史を共有するうえで欠かせないファクターでしょう。

　世界中の言語は「語族」「語派」などのグループに分類されています。同じ語族に含まれる言語には、共通の祖語があったと考えられています。語派は語族の中の小分類。「ラテン民族」のように言語グループ名がそのまま民族の呼称とされる場合もあります。以下に主要なものを挙げておきます。

第1講
地図と交通

第2講
資源・
エネルギー

第3講
産業・
農林水産業

第4講
文化と生活

第5講
東アジア・
東南アジア編

第6講
南
アジア編

第7講
西
アジア編

第8講
アフリカ
編

第9講
ヨーロッパ編
①

第10講
ヨーロッパ編
②

第11講
ロシア・
米国編

第12講
中南
アメリカ編

第13講
オセアニア編

第14講
日本編

① インド=ヨーロッパ語族…インド北部のヒンディー語、イランのペルシア語、ヨーロッパの諸言語を含みます。ヨーロッパの言語は、ゲルマン語派（英語・ドイツ語など）、ラテン語派［ロマンス諸語］（スペイン語・フランス語など）、スラブ語派（ロシア語・ポーランド語）などに細分されます。

② ウラル語族…ヨーロッパの中でも、フィンランド語やハンガリーのマジャール語はインド＝ヨーロッパ語族とは別の語族を形成します。

③ アルタイ諸語*…アジアの一部。アルタイ諸語の中では、トルコや中央アジア諸国に分布するテュルク語派が代表的なグループです。日本語はここに属するとされていましたが、今の学説では否定的です。日本語は、諸説ありますが今のところ系統関係が不明な孤立した言語です。

④ シナ＝チベット語族…中国語・チベット語・ビルマ語など。

⑤ アフロ＝アジア語族…西アジア〜北アフリカのアラビア語、ヘブライ語など。

⑥ ニジェール＝コルドファン［ニジェール＝コンゴ］語族…中南アフリカの言語。中南アフリカには、他にナイル＝サハラ語族、コイサン諸語などがあります。

⑦ オーストロネシア語族…東南アジア〜オセアニアの言語。

⑧ オーストロアジア語族…インドシナ半島などの言語。

⑨ ドラヴィダ語族…インド南部の言語。タミル語など。

*かつては語族とされていましたが、現在は共通の祖語が否定されています。

 世界一たくさん話されている言語は？

世界最大の言語は何語でしょう？ もし、ビジネスの場面やインターネット上での使用も含めるなら文句なく英語なのかもしれません。また、影響力という測り方もあるでしょう。ここでは民族との関係を考えているので、「第一言語として話す人口」によって比べてみましょう。

101

第一言語とは、その人にとって一番得意な言語のことで、たとえば暗算をする時に無意識に使う言語です。多くの場合は母語*（幼い時に周りの環境から習得する言語）ですが、母語を複数持つ人はそのうちのいずれかが第一言語となります。また、バイリンガル（マルチリンガル）の人は、母語が第一言語になるとは限らないでしょう。

表4-1　世界のおもな言語（第一言語人口）

（単位:百万人）

順位	言語	2008年	2017年	増減
1	北京語	845	898	6.27%
2	スペイン語	329	437	32.83%
3	英語	328	372	13.41%
4	アラビア語	221	295	33.48%
5	ヒンディー語	182	260	42.86%
6	ベンガリー語	181	242	33.70%
7	ポルトガル語	178	219	23.03%
8	ロシア語	144	154	6.94%
9	日本語	122	128	4.92%
10	パンジャビー語	91	122	34.07%
11	ジャワ語	85	84	−1.18%
12	呉語	77	80	3.90%
13	韓国·朝鮮語	66	77	16.67%
14	ドイツ語	90	77	−14.44%
15	フランス語	68	76	11.76%
16	テルグ語	70	74	5.71%
17	広東語	56	73	30.36%
18	マラーティー語	68	72	5.88%
19	トルコ語	51	71	39.22%

順位は2017年。
『地理データファイル2021年度版』などにより作成。

* 母国の言語という意味の「母国語」とは違います。たとえば日本で生まれ育った在日韓国人２世・３世の場合、母国語は韓国語で、母語は日本語となりえるのです。

というわけで、「第一言語人口」による統計データ（表4-1）をご覧くだ

さい。まあ、容易に想像がつくと思いますが、このような統計は根拠となる調査の仕方や定義などが国によってまちまちで、ここに掲載しなかった各年のデータをまとめてみると、明らかに数え方に変更があったと思われる急な増減があります。なので、この数値も傾向を知るための参考程度と考えてください。

ＪとＫの英語力

まず驚くのは、日本語がベスト10に入っているということ。考えてみると、国別人口順位で第11位（2020年推定）ですから、不思議ではありません。ただ、約１億2000万人の日本国民のほとんどが、日本語を第一言語にしている、という私たちにとっては当たり前のことが、世界ではとても珍しいことである、という認識は持っておいたほうがいいでしょう。

巨大な日本語マーケットが存在する限り、いくら「国際化」を煽られても必死で英語を習得する日本人が少ないわけです。流暢な発音で本格的な英語歌詞（日本語も！）を歌いこなすＫ-ＰＯＰアイドルはたくさんいるのに、Ｊ-ＰＯＰがそうなっていないのも、言語ごとの市場規模によるのではないかと思います。「韓国・朝鮮語」話者の中には北朝鮮も含まれるのですから、マーケットとしては日本の半分以下。英語力を使って世界に進出しなければ、浮かぶ瀬はありません。

英語に熱心なのは芸能人だけではありません。韓国では、輸出依存度の高い産業構造の下で巨大財閥グループの力が強く、そこへの就職を求めて教育熱が高いとされています。一流大学を目指す受験競争が激しいことはよく知られていますが、進学後も就職を有利にするための英語留学が盛んです。韓国の留学率の高さは2021年の東大入試問題でも題材になりました。

漢民族に抗う少数民族

世界最多、約14億4000万の人口を誇る中国。その言語のうち、北京語と

第1講 地図と交通
第2講 資源・エネルギー
第3講 産業・農林水産業
第4講 文化と生活
第5講 東アジア・東南アジア編
第6講 南アジア編
第7講 西アジア編
第8講 アフリカ編
第9講 ヨーロッパ編①
第10講 ヨーロッパ編②
第11講 ロシア・米国編
第12講 中南アメリカ編
第13講 オセアニア編
第14講 日本編

は中国語（漢語）の北部方言で、現代中国の標準語となっています。中央官僚が使っていたことから「官話」「マンダリン（官僚の意）」などと呼びます。シンガポールの華人が使う言語でもあります。

図4-1　中国の民族自治区

シンチヤンウイグル自治区
内モンゴル自治区
チベット自治区
ニンシャホイ族自治区
コワンシーチョワン族自治区

12位の呉語（上海周辺）、17位の広東語など、中国語には「7大方言」があって、同じ漢民族の言語でも発音が相当、異なるようです。さらに中国には少数民族の言語（チベット語、モンゴル語、ウイグル語＊など）もあり、互いに意思疎通するには標準語や英語を使うことになります。少数民族は、民族的アイデンティティーの確立のために自分たちの言語を使おうとしますが、標準語を使わないと進学や就職で困難を極めます。

＊ウイグル語は、トルコ語や中央アジア諸国の言語と同じアルタイ諸語の中の「テュルク諸語」に含まれます。

最近、内モンゴル自治区の学校においてモンゴル語教育の削減が進められ、保護者が反発しているといった報道もありました。漢民族の支配に対し根強い独立運動の続くチベット自治区やシンチヤン（新疆）ウイグル自治区でも、内モンゴルと同じような、いや、さらに厳しい言語をめぐる対立が起きています（図4－1参照）。

　英語が武器になるインド

総人口では中国に次ぐインド（約13億8000万人）ですが、言語単位の最

第1講 地図と交通

第2講 資源・エネルギー

第3講 産業・農林水産業

第4講 文化と生活

第5講 東アジア・東南アジア編

第6講 南アジア編

第7講 西アジア編

第8講 アフリカ編

第9講 ヨーロッパ編①

第10講 ヨーロッパ編②

第11講 ロシア・米国編

第12講 中南アメリカ編

第13講 オセアニア編

第14講 日本編

大グループは連邦公用語であるヒンディー語（約2億6000万人）で、やっと人口の２割（他の統計でもせいぜい４割）。以下、ベンガリー語（バングラデシュと共通）、パンジャビー語（パキスタンの一部と共通）、テルグ語、マラーティー語、タミル語*、ウルドゥー語など数多くの言語を持つ多言語国家なのです。いずれも話者数の伸び率が高いです。南アジアの人口増加率の高さを反映しています。

> ＊タミル人が茶や天然ゴムの農園労働者として移住した歴史から、タミル語はスリランカやマレーシア、シンガポールにも分布します。また、かつてタミル語と日本語との関連を指摘する学説（大野晋『日本語の起源』〈岩波書店〉）が話題になりました。

　そのため、とくに上位の階層では、かつての宗主国の言語である英語を第二・第三言語とする人が多く、準公用語の扱いを受けています。これがインドのＩＴ（情報技術）関連産業における発展要因の１つです（詳しくはP.139）。インターネットやソフトウェアの世界の共通語は英語です。インドからＩＴの本場シリコンヴァレーなどへの留学・出稼ぎも盛んです

し、インドと約半日の時差があるアメリカ企業の業務を下請けすれば、英語による24時間のコールセンター・サービスが安価で提供できるわけです。

インドの紙幣（1000ルピー札）。下側左のヒンディー語、右の英語の他、左端に15の地方語が書かれています。また、イラストでは米や小麦栽培、油田、鉄鋼業などの基幹産業とともに、通信衛星やコンピュータを使ったＩＴ関連産業が大きく表現されています

 スペイン無敵艦隊はイギリス海軍に敗れたけれど……

　もしかすると、スペイン語が英語よりも上位であることを不思議に思われる方もいるかもしれません（表4−1参照）。本国（？）同士の人口で

「対決」させると、スペイン約4700万人 vs イギリス約6800万人*。しかし、それぞれの話者は4億人前後に及びます。両国は大航海時代から帝国主義の時代にかけて、領地だけでなく言語までも海外に拡張してきたのです。北アメリカ大陸（アメリカ合衆国・カナダ）に広がった英語** に対し、スペイン語はラテンアメリカ諸国に話者を獲得しました。国でいえばスペイン・コロンビア・アルゼンチン・ベネズエラ……。中南米の大半の国が含まれます。ブラジルだけはポルトガル領でしたが、ポルトガル語もスペイン語と同じラテン語派。ブラジルには、本国ポルトガルの10倍近いポルトガル語話者がいます。ラテンアメリカの「ラテン」というのは、ラテン語派の民族であるスペイン人らによって（文化的にも）征服された歴史を物語っています。

　そして、人口増加率は先進国よりも発展途上国のほうが高いため、ラテンアメリカ中心のスペイン語話者の数は、先進国中心の英語圏に比べ急激に増加していることがわかります。

---

* ただし、この人口がそのままそれぞれの国内におけるスペイン語・英語の話者数ではありません。スペインではバルセロナ付近で使われるカタルーニャ語やビルバオ付近のバスク語、イギリスではウェールズ語やスコットランド＝ゲール語といった地方ごとの言語があり、カタルーニャ人、バスク人、スコットランド人らは本国からの分離・独立や、自治権の拡大を求めています。

** 他に隣国アイルランド、オーストラリアやニュージーランド、南アフリカ共和国、シンガポール（おもに華人）などにも英語を第一言語とする人が広がっています。もちろん、第二・第三言語とする人まで含めれば英語の圧勝かもしれません。

ヒスパニックとトランプ前大統領

　他にもスペイン語話者が急激に増大している国があります。それは意外にも、英語の国のはずのアメリカ合衆国です。中南米からメキシコ経由でアメリカ合衆国に移住する人々は「ラテン系」という意味で「ラティーノ（Latino、女性は Latina）」とも呼ばれますが、そのほとんどはスペイン語

第1講 地図と交通

第2講 資源・エネルギー

第3講 産業・農林水産業

第4講 文化と生活

第5講 東アジア・東南アジア編

第6講 南アジア編

第7講 西アジア編

第8講 アフリカ編

第9講 ヨーロッパ編①

第10講 ヨーロッパ編②

第11講 ロシア・米国編

第12講 中南アメリカ編

第13講 オセアニア編

第14講 日本編

話者であり、その意味で「ヒスパニック（Hispanic）」＝スペイン語を話す人と呼ばれています。

英語が話せないため、果樹園での収穫作業のような単純労働者が中心ですが、給与水準の高いアメリカ合衆国にとって重要な低賃金労働力となっています。すでにヒスパニックは人口の18％以上（メキシコ国境沿いのカリフォルニア州やテキサス州では40％近く）を占めており、アフリカ系黒人を超えるエスニックグループ（民族集団）として存在感を高めています。ヒスパニックの大半が信仰するカトリックが中絶に否定的なこともあって出生率が高く、2060年にはヒスパニックの人口割合は28％を超えると予想されています。

むしろ英語を話さないままで生きていけるほど、米国内のヒスパニックのコミュニティが成長しているのです。もちろん、高収入の職業に就く人も徐々に増えています。そして、彼らに対する一部の白人労働者の「苛立ち」を上手にすくい上げて支持を得てきたのが、あのトランプ前大統領というわけです。

〈言語の話題で2つのおまけ〉

①　ドイツ語は英語やスペイン語などとは異なり、ヨーロッパ以外には話者が多くありません。しかし、ヨーロッパの中では、オーストリア、スイスの北半などでも話されています。

小さいところでは、フランスのアルザス地方（国語の教科書に載っていたドーデの小説『最後の授業』で有名〈P.169〉）、イタリアの南チロル地方（かつてオーストリアの支配を受けた）、ベルギーの東部（ベルギーではオランダ語とフランス語の2大言語圏が対立していますが〈P.175〉、わずかにドイツ語圏も存在する）などにもドイツ語を話す人がいます。

②　人口増加率の高いインドネシアの主要言語であるジャワ語の話者数が停滞しているのは不思議です。大小1万7000ともいわれる島々からなるイ

ンドネシアは、典型的な多民族国であり、ジャワ島に住むジャワ人が人口の４割を占めるものの、他に350以上の民族が居住しています。民族紛争も多く、スマトラ島のアチェ紛争こそスマトラ沖地震を契機に終結したものの、マルク諸島での宗教対立、パプア（ニューギニア島西部）の独立問題などが続いています。

　多数派の言語であるジャワ語を押しつければ対立を激化させるだけですから、それとは別に「インドネシア語」を公用語としています。マラッカ海峡付近で使われていたマレー語に近い交易のための言語ですが、「多様性の中の統一」を図るインドネシア政府は、共通語によって「インドネシア人」意識を高めようと、学校教育などを通したインドネシア語の普及に努めています。

　このため、首都ジャカルタのあるジャワ島を中心に徐々にインドネシア語を第一言語とする人が増えているのです。その分、ジャワ語を第一言語とする人は（統計のように減っていないかもしれませんが）ある程度抑えられていると思われます。

図4-2　インドネシアの島々

データに出ない日本人の 労働時間とバカンス

第1講　地図と交通
第2講　資源・エネルギー
第3講　産業・農林水産業
第4講　文化と生活
第5講　東アジア・東南アジア編
第6講　南アジア編
第7講　西アジア編
第8講　アフリカ編
第9講　ヨーロッパ編①
第10講　ヨーロッパ編②
第11講　ロシア・米国編
第12講　中南アメリカ編
第13講　オセアニア編
第14講　日本編

POINT

★働き蜂と揶揄された日本人の長時間労働は改善したが、課題も残る

★日本の祝日は欧米に比べて多いが、背景には日本の企業文化がある

★長いバカンスを楽しむヨーロッパでは、人の移動に「向き」がある

 企業戦士は24時間戦う

　観光にまつわるいくつかのテーマについてお話しします。私も旅行は大好きなのですが、旅行には時間的なゆとりが必要ですね。今も、叶わぬ旅に思いを馳せながら原稿を書いているわけです（泣）。観光は余暇活動の一種であり、余暇は労働時間と密接に関係します。というわけで、まずはそのあたりから見ていきましょう。

　1980年代の後半、日本人は世界中から「働きすぎ」だと批判されました。頑張ってるのに怒られるなんて割に合わないですが、当時は日本製の工業製品の欧米への輸出増により、日本の貿易黒字が突出して拡大していましたから、「ソーシャルダンピング」だと苦情が出たのです。

　あまり耳馴染みのない言葉かもしれませんが、低賃金で長時間、労働者をドレイのようにこき使って作った安上がりな製品を、不当な低価格で輸出してるじゃないか、というわけです。歴史的には、世界中が恐慌に苦しんでいた1930年代の日本貿易を批判した用語で、バブル期の日本に亡霊のように戦前から蘇ったわけです。

　バブルの真っ只中の1988年、栄養ドリンク「リゲイン」（三共＝現・第一三共ヘルスケア）のCMソングの歌詞が流行語になり、CD化されて60万枚の大ヒットとなりました。

　1日24時間働き続けることを奨励するその歌詞は、当時の企業戦士たちの長時間労働を象徴する一種の「軍歌」のようなものでした。まずは、労

働時間の推移をグラフ（図4-3）で見ておきましょう。

OECD（経済協力開発機構）による元データは、労働時間の定義や、統計のとり方が国ごとに異なるため、それぞれの国における推移を知ることはできて

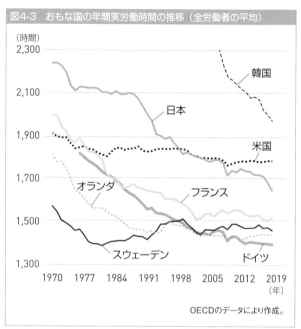

図4-3　おもな国の年間実労働時間の推移（全労働者の平均）

（時間）

韓国
日本
米国
オランダ
フランス
スウェーデン
ドイツ

2,300
2,100
1,900
1,700
1,500
1,300

1970　1977　1984　1991　1998　2005　2012　2019
（年）

OECDのデータにより作成。

も、国際比較には使えないものです。それでも大まかな傾向は摑めると思います。

データのからくり

たしかに、1980年代までの日本の労働時間はきわめて長かったのですが、前述の国際的批判に対応して、労働基準法の改正で法定労働時間を週48時間から段階的に40時間まで引き下げました。1日8時間として、週6日働いていたのを5日に減らす、つまり土日を休みにする週休2日制です。1997年までに中小企業も含めて完全実施されました。1年は52週だから年間では約2100時間。そこから、祝日や有給休暇の分を引くと1800時間くらい、というのが2000年頃の数字で、その後も短縮してアメリカ合衆国と逆転しています。以前から短時間労働だったヨーロッパ諸国との差はあるけれど、ずいぶん改善されたイメージです。

ただし、この数字には2つの「からくり」があって、額面通りには受け

第1講 地図と交通
第2講 資源・エネルギー
第3講 産業・農林水産業
第4講 文化と生活
第5講 東アジア・東南アジア編
第6講 南アジア編
第7講 西アジア編
第8講 アフリカ編
第9講 ヨーロッパ編①
第10講 ヨーロッパ編②
第11講 ロシア・米国・編
第12講 中南アメリカ編
第13講 オセアニア編
第14講 日本編

取れません。まずは「サービス残業」。グラフの出典であるOECDのデータの元は、日本の厚生労働省が事業所を対象に調査したものであり、勤務としてカウントされないサービス残業や休日出勤は含まれていないのです。それらを含む労働力調査（世帯を調査対象にしたもの）の数値によると、最新のデータでも2000時間近く働いています。こちらのほうが実感に合うでしょう。お隣の韓国では極端な長時間労働を急ピッチで是正中ですが、その韓国の労働時間と同じくらいです。日本では「名ばかり管理職」による賃金の支払われない残業など、実態が覆い隠されている分、以前よりひどくなっている面もあります。

　もう1つのからくりは、グラフのデータにはパートタイム労働者も含まれていること。近年の新自由主義的な労働政策で、派遣労働や偽装請負などの流動的で不安定な雇用形態が拡大しており、パートタイムの非正規労働者も増えています。そのため、全労働者の平均を取ると、労働時間が短縮されたことになるのです。背景には雇用における男女格差もあります。長時間労働の多い男性と、パート勤務の低賃金に甘んずる女性という構図です。

　日本よりずっと労働時間の短いオランダにも、女性のパートタイマーが多いのですが、「フルタイム労働者とパートタイム労働者は労働時間数に比例して平等に扱わなければならず、両者の時給、社会保険への加入、雇用期間、昇進等の労働条件に差をつけることを禁じる」という同一労働・同一賃金のルールが確立しており、ワークライフバランスの取れる労働時間を自由に選択できるのです。積極的なパートタイム就労によるワークシェアリングで、女性の社会参加率が高くなった結果なのです。

 　有給休暇よりも多い祝日

　ところで、余暇活動に欠かせない労働者の休日日数のデータを見ると、日本の特徴がよくわかります。

完全週休２日制が達成され、どの国も週休日が104日あります。しかし、日本の年次有給休暇取得日数は明らかに少ないのです。制度上は約18日分あり、それでもヨーロッパ諸国よりは少ないのですが、取得日数はさらにその半分。

一方で、法定休日＝祝日はイギリスの倍以上とたくさんあります。敗戦直後の1948年に「国民の祝日に関する法律」が制定された時点では祝日は"ヨーロッパ並み"の９日でした。ところが、働き過ぎの批判を避けるため、自分では有給休暇を取ることが難しい労働者の代わりに、国が法律改正で休みを増やしていったのです。予備校の夏期講習会で忙しかった私の知らない間に、「海の日」や「山の日」まで作られています。

表4-2　おもな国の休日の日数（製造業生産労働者、2017年）

	週休日 1)	法定休日 2)	年次有給休暇 3)
日本	**104**	**17**	4) **9.3**
イギリス	104	8	5) 25.0
ドイツ	104	9	5) 30.0
フランス	104	11	5) 25.0

1)完全週休2日制と仮定　2)2019年　3)繰越日数を含まず　4)平均取得日数　5)2016年
『データブック オブ・ザ・ワールド』vol.33により作成。

上の表以外にも、祝日が日曜日と重なった時の振替休日（1973年〜）や、祝日を月曜に移動させて３連休にする「ハッピーマンデー」制度（2000年〜）もあります。また、2020年には東京オリンピックの開会式・閉会式に合わせて３つの祝日の名称や日付が変わりましたが、結局開催延期で空振りになりました。まぁ、コロナ禍でそれどころではなかったのですが……。

労働力は北へ　観光客は南へ

日本では、有給休暇の自主的な取得が少なく、お盆や年末年始の休暇の多くは帰省旅行に費やされます。ゴールデンウィークなどの「お上」に頂

図4-4　日本の祝日

凡例：□ 新設　■ 移動

年	元日	成人の日	建国記念の日	天皇誕生日	春分の日	昭和の日／みどりの日／天皇誕生日	憲法記念日	みどりの日／国民の休日	こどもの日	スポーツの日	海の日	山の日	敬老の日	秋分の日	体育の日	文化の日	勤労感謝の日	天皇誕生日
1948年	元日	成人の日			春分の日	天皇誕生日	憲法記念日		こどもの日					秋分の日		文化の日	勤労感謝の日	
1966年	元日	成人の日	建国記念の日		春分の日	天皇誕生日	憲法記念日		こどもの日				敬老の日	秋分の日	体育の日	文化の日	勤労感謝の日	
1988年	元日	成人の日	建国記念の日		春分の日	天皇誕生日	憲法記念日	国民の休日	こどもの日				敬老の日	秋分の日	体育の日	文化の日	勤労感謝の日	
1989年	元日	成人の日	建国記念の日		春分の日	みどりの日	憲法記念日	国民の休日	こどもの日				敬老の日	秋分の日	体育の日	文化の日	勤労感謝の日	天皇誕生日
1995年	元日	成人の日	建国記念の日		春分の日	みどりの日	憲法記念日	国民の休日	こどもの日		海の日		敬老の日	秋分の日	体育の日	文化の日	勤労感謝の日	天皇誕生日
2007年	元日	成人の日	建国記念の日		春分の日	昭和の日	憲法記念日	みどりの日	こどもの日		海の日		敬老の日	秋分の日	体育の日	文化の日	勤労感謝の日	天皇誕生日
2016年	元日	成人の日	建国記念の日		春分の日	昭和の日	憲法記念日	みどりの日	こどもの日		海の日	山の日	敬老の日	秋分の日	体育の日	文化の日	勤労感謝の日	天皇誕生日
2019年	元日	成人の日	建国記念の日	天皇誕生日	春分の日	昭和の日	憲法記念日	みどりの日	こどもの日		海の日	山の日	敬老の日	秋分の日	体育の日	文化の日	勤労感謝の日	
2020年	元日	成人の日	建国記念の日	天皇誕生日	春分の日	昭和の日	憲法記念日	みどりの日	こどもの日	スポーツの日	海の日	山の日	敬老の日	秋分の日		文化の日	勤労感謝の日	

スポーツの日は2020年は7月24日、2021年は7月23日で、2022年以降は10月の第2月曜日。

戴した細切れの休日に集中する観光旅行では、少ない日数で観光地を巡る「短期周遊型」が中心になります。

　一方、ヨーロッパでは余暇活動が早くから定着していました。別荘やホテルに長期にわたって滞在し、余暇を楽しみます。以前は上流階級に限ら

れていたバカンスの楽しみが一般市民にも普及したのです。フランスでは、すでに1936年、年に2週間の有給休暇が法制化され、現在は年5週間（！）に拡大されています。もともと休みの土日（週休日）を除いて、25日分の有給休暇を取得するのです。「フランス人はバカンスのために働く」というくらいですから、日本人のように企業に「遠慮」して半分しか消化しないなんてことはありません。

このようなバカンスの習慣に対応して、ヨーロッパには多くの保養向けリゾートが開発されています。代表的なのは、ニースやカンヌなどの観光都市が並ぶフランス南部のコートダジュールから、イタリア北西部のリヴィエラ海岸にかけて広がる地中海沿岸の海洋型リゾートです。スペイン南東岸にも発達しています。この地域には地中海性気候が分布しており、温暖で夏に雨が少ないため、日照時間の少ないヨーロッパ北部から陽光を求めて多くの観光客が来訪します。

統計上も、ヨーロッパで観光客受け入れの多い国はフランス・スペイン・イタリア・ギリシャ、送り出しのほうが多いのは北部のドイツやイギリス。経済水準の高い北・西欧から、温暖な南欧への移動です。一方、以前のEU内で出稼ぎ移民といえば、南から送り出されて北へ向かうものであり、「労働力は南から北へ 観光客は北から南へ」という対照的な人の流れでした。

ただし、EUの東方拡大以降は、旧社会主義国で経済水準の低いポーランドやルーマニアなど東欧からの移民が西欧を目指す「東から西へ」の動きが中心です。大量の移民は2020年の「Brexit（ブレグジット）」（イギリスのEU離脱）の一因となりました。

 外国人に愛される日本のスキー場

もちろん、リゾート地は海岸だけではありません。山岳・高原型リゾートといって、夏は登山や避暑のために、そして冬はスキーなどのウインタースポーツのために観光客が集まります。ヨーロッパでは、アルプス山脈

第1講 地図と交通

第2講 資源・エネルギー

第3講 産業・農林水産業

第4講 文化と生活

第5講 東アジア・東南アジア編

第6講 南アジア編

第7講 西アジア編

第8講 アフリカ編

第9講 ヨーロッパ編①

第10講 ヨーロッパ編②

第11講 ロシア・米国編

第12講 中南アメリカ編

第13講 オセアニア編

第14講 日本編

表4-3　ヨーロッパと周辺諸国の観光収支（2018年）

国名	観光客数（千人）		旅行収支（百万ドル）		
	受入数	送出数	収入	支出	収支計
フランス	89,322	26,914	73,125	57,925	15,200
スペイン	82,773	19,116	81,250	26,670	54,580
イタリア	61,567	33,347	51,602	37,644	13,958
トルコ	45,768	8,383	37,140	4,993	32,147
ドイツ	38,881	108,542	60,260	104,204	−43,944
イギリス	36,316	70,386	48,515	68,888	−20,373
オーストリア	30,816	11,883	25,411	14,256	11,155
ギリシャ	30,123	7,961	21,594	3,910	17,684

World Development Indicators（世界銀行の統計）により作成。

がその典型で、シャモニー（フランス）、サンモリッツ（スイス）、インスブルック（オーストリア）などは冬季オリンピックの開催都市としても知られています。

　日本では、軽井沢（長野県）や那須高原（栃木県）などが避暑地として有名ですね。最近では、北海道のニセコや長野県の白馬などのスキー場が、パウダースノーを求めるオーストラリアのスキーヤーなどに人気です。オーストラリアは地形の起伏が乏しく、降水量も少ない国なので、スキーが可能な場所も時期もごくわずかなのです。

　この数年は移住してくる人も増えているほどで、ニセコ町・白馬村ともに外国人住民の割合が10％を超えています（ニセコ町11.8％、白馬村11.7％、2020年）。全国平均は2％ちょっとですから、明らかに多いですね。いずれも日本人住民は減少傾向なので、余計に目立ちます。人口減少社会である日本にとって、このような移住者の増加は願ってもないことですが、その背景には地元の人々による「共生」のためのさまざまな取り組みがあるようです。

テーマパークの盛衰と
アウト・インバウンド

POINT

★テーマパークの盛衰を見ると、日本の産業構造の転換がわかってくる
★日本人のアウトバウンド低迷を打破してくれるのは若い女性たちだ
★コロナで一休みのインバウンド急増、背景には多様な要因があった

 同い年のテーマパークだけど

　東京や大阪のような大都市も観光の対象になります。東京の秋葉原でショッピングを楽しんだり、大阪の新世界で串カツを食べたり……。テーマパークも、この都市型リゾートの一種ですが、なんといっても日本におけるその代表格は千葉県浦安市の東京ディズニーリゾート（ＴＤＲ）でしょう。とくにアジア諸国からの観光客に人気の高いスポットで、来園者に占める海外からの観光客の割合は2012年度の2.6％から、2019年度には10％に急増しています。

　ＴＤＲの中核である東京ディズニーランド（ＴＤＬ）が開園したのは1983年、それ以来、来園者数はグラフのようにほぼ一貫して増加してきました（会計年度によるデータなので、2019年度にはコロナ禍による2020年3月の休園の影響が出ています）。

　ＴＤＬと同じ1983年、北海道の夕張市では、「石炭の歴史村」というテーマパークが開園しています。その名のとおり、かつて釧路

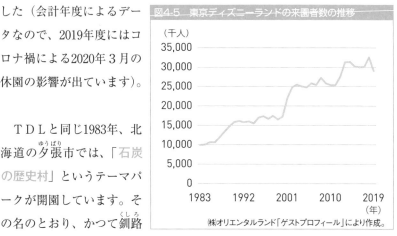

図4-5　東京ディズニーランドの来園者数の推移

（千人）

35,000
30,000
25,000
20,000
15,000
10,000
5,000
0

1983　1992　2001　2010　2019
（年）

㈱オリエンタルランド「ゲストプロフィール」により作成。

（北海道）、筑豊（ちくほう）・三池（福岡）などと並ぶ「石狩炭田」として繁栄した夕張炭鉱の歴史を題材にした施設です。

1960年代にエネルギー資源の主役が石炭から石油に移り、また石炭の供給元も国内から海外へ移ります。海外の大規模な露天掘りの炭鉱は、深い地下に坑道を掘り進める日本の炭鉱に比べ圧倒的に産出コストが安いのです。このエネルギー革命によって、国内の炭田地帯は衰退します。「合理化」（今でいえばリストラ）という名の強引な人員整理により炭鉱労働者は激減し、産業と人口を失った夕張市の財政は悪化しました。

夕張市は、「夕張メロン」のブランド化や、映画祭（ゆうばり国際ファンタスティック映画祭）の開催など、石炭経済からの脱却に努めました。なかでも力を入れたのが、テーマパークを中心としたリゾート建設ですが、ＴＤＲのライバルとなるにも遠く及ばず、テーマパークの経営は事実上破綻（はたん）。夕張市そのものも、353億円の財政赤字を抱えて2007年に「財政再建団体」に指定され、財政破綻してしまいました。

工場 → テーマパーク → アウトレットモール

「石炭の歴史村」に限らず、この頃地方に乱立＊した多くのテーマパークはどこも苦戦を強（し）いられています。倉敷チボリ公園（岡山県倉敷市）やスペースワールド（福岡県北九州市）はいずれもすでに閉園、1992年開業のハウステンボス（長崎県佐世保市）は2003年に会社更生法の適用を受けて破綻（のちに旅行代理店業のＨ・Ｉ・Ｓによって経営再建が進められています）、1994年開業の志摩スペイン村・パルケエスパーニャ（三重県志摩市）も最近の年間入場者数は開業初年の３分の１程度に落ち込んでいます＊＊。

＊乱立の背景には1987年に制定されたリゾート法（総合保養地域整備法）があります。民間資本を利用したリゾート開発によって、過疎地域を活性化し、国内の景気をよくすることを狙ったものでした。資金面や税制の優遇措置に地方自治体や企業が飛びついたわけです。しかし、バブル景気の下で開発を見越した投機的な土地売買が横行し、地価高騰（そち）に拍車をかけました。

第1講 地図と交通
第2講 資源・エネルギー
第3講 産業・農林水産業
第4講 文化と生活
第5講 東南アジア編
第6講 南アジア編
第7講 西アジア編
第8講 アフリカ編
第9講 ヨーロッパ編①
第10講 ヨーロッパ編②
第11講 ロシア・米国編
第12講 中南アメリカ編
第13講 オセアニア編
第14講 日本編

　1950〜60年代のエネルギー革命が日本の石炭産業に終止符をうったように、1960年代の高度経済成長期における重工業化は花形だった繊維産業を衰退させ、1970年代以降の製造業の高度化は鉄鋼業や造船業など「重厚長大」型の産業に打撃を与えました。テーマパーク乱立の背景には、このような産業構造の転換があります。

　1997年に開園した倉敷チボリ公園は、デンマークのチボリ公園をモデルに、倉敷紡績（クラボウ）の工場跡地に建設されたものです。綿糸をつむぐ紡績業は、戦後の「朝鮮特需」による好景気（紡績、毛・綿織物など繊維産業全体がブームとなり「糸へん景気」と呼ばれました）で急拡大しました。1960年代には倉敷紡績の潤沢な資金が投じられた社会人のクラボウ女子バレーボールチームが黄金期を迎え、「東洋の魔女」で有名な1964年の東京オリンピックの日本代表にも選手を送り込んでいます。しかし、1970年代の石油危機による打撃とアジア諸国の追い上げで日本の繊維産業は構造不況に陥り、倉敷の本社工場は1993年に閉鎖されました。駅前の広大な工場跡地の活用策としてテーマパークが誘致されたのです。しかし初年には300万人近かった来場者数は、閉園の年（2008年）には80万人弱にまで落ち込んでいました。今、跡地はショッピングモールとアウトレットモールになっています。

　2018年に閉園したスペースワールドは、1990年、新日本製鐵（現・日本製鉄）の所有する遊休地に造られた遊園地です。明治以来の歴史的な由緒を持つ「八幡製鉄所」の敷地が遊園地になった背景には、韓国や中国との競争にさらされ、高炉の統廃合などの合理化を進める鉄鋼業界の縮小がありました。閉園後の跡地にはイオンモールのアウトレットが建設されるそ

第1講
地図と交通

第2講
資源・
エネルギー

第3講
産業・
農林水産業

第4講
文化と生活

第5講 東アジア・
東南アジア編

第6講 南
アジア編

第7講
西アジア編

第8講
アフリカ編

第9講 ヨーロッパ編①

第10講 ヨーロッパ編②

第11講 ロシア・
米国編

第12講 中南
アメリカ編

第13講 オセアニア編

第14講 日本編

うです。倉敷と同じパターンです。

　そして、ハウステンボスは造船不況に苦しむ佐世保重工業の企業城下町である佐世保市が、水田だった干拓地を工業団地として開発したものの企業誘致に失敗し、買い手がつかずに困っていた土地に造られたのです。立地的には中国・台湾や韓国などアジアからの来客も見込んでいたのでしょうが、海外から見れば「日本に行ってオランダふうの街並みを楽しむ」意味は見出しにくいのではないでしょうか。実際、外国人客は期待されたほどではなく、最近ではアウトレットモール（また出ました！）やＩＲ（カジノを含む統合型リゾート）の導入を図っているようです。

　夕張・倉敷・北九州・佐世保、いずれの例でも、第２次産業（鉱工業）から第３次産業（商業・サービス業）へ日本経済の重心が移動してきたことを反映しています。テーマパークでもアウトレットモールでも、都市部で広大な用地を確保しようとすれば、工場跡地に目が行くのは自然ですね。しかし、テーマパークの主要な顧客であるこどもが減っている少子化の日本では、ＴＤＲやユニバーサル・スタジオ・ジャパンなどのように大人も楽しめて、海外からの来客も見込める高いコンテンツがなければ長続きしません。

　このように、テーマパークも産業構造の移りかわりに左右されているのです。とすれば、10年後には、三次元映像を楽しむＶＲ（ヴァーチャルリアリティ）ゴーグルを被るだけで「入園」できる仮想空間上のテーマパークが流行っているかもしれません（すでに一部では実現化しています）。

停滞するアウトバウンド

　さて、国内観光（や仮想空間内観光）はこれくらいにして、海外旅行に飛び立ちましょう。国際観光客の数は大きく伸びています。もちろん、コロナ禍の2020年には激減していますが、これを例外と考えれば2000年の年間７億人弱から、2019年には14億6000万人と２倍以上になっており、長い目で見れば急速に拡大しています。

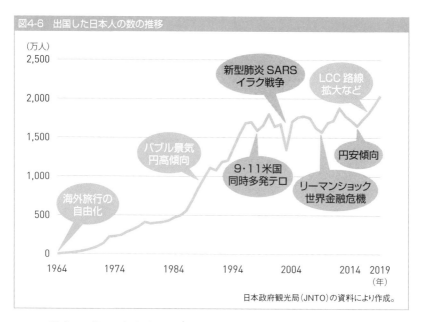

図4-6　出国した日本人の数の推移

（万人）

新型肺炎 SARS
イラク戦争

LCC 路線
拡大など

バブル景気
円高傾向

9・11米国
同時多発テロ

円安傾向

海外旅行の
自由化

リーマンショック
世界金融危機

日本政府観光局（JNTO）の資料により作成。

　この拡大の要因は大きく分けて２つあります。１つは中国やインドなど新興国の経済成長によって、国際観光への参加者自体が急増していること。もう１つは航空の自由化と格安航空会社（ＬＣＣ）の登場で航空運賃が安くなったことです。

　もちろん、日本人も例外ではありませんが、世界全体の増加率に比べると日本人の海外旅行＝アウトバウンドの増加率はそれほどではありません。留学などを理由に特別な許可を得なければ出国できなかった1950年代には年間２万人程度であった出国日本人の数は、1964年の自由化後に徐々に増加しましたが、まだまだ海外旅行は特別なものでした。過去にアウトバウンドがもっとも激しく増加したのは、円高の影響を受けたバブル期の1980年代後半です。しかし、その後1995年に1500万人を突破したあとは、デフレ経済や国際情勢の影響を受けつつ増減を繰り返し、2019年にようやく2000万人に到達したところで「コロナ」です。

　アウトバウンドがいまいち伸びない背景として、非正規雇用の増加などで「若者の海外旅行離れ」もよく指摘されます。「『若者の○○離れ』の使

第1講 地図と交通
第2講 資源・エネルギー
第3講 産業・農林水産業
第4講 文化と生活
第5講 東アジア・東南アジア編
第6講 南アジア編
第7講 西アジア編
第8講 アフリカ編
第9講 ヨーロッパ編①
第10講 ヨーロッパ編②
第11講 ロシア・米国編
第12講 中南アメリカ編
第13講 オセアニア編
第14講 日本編

い回しで、なんでもかんでも若者のせいにするな」と怒られそうですが、実際に1990年代から2000年代にかけて20代の出国率はかなり低下しました。ただし、最近はとくに若い女性の出国率が高まっています。2018年には20〜24歳の女性の出国率は40％を超えており、なんと同世代の男性の2倍以上です！

行き先を見ると、地域別ではアジアが圧倒的に多く、国別では、米国と中国。いずれも本土だけの統計では韓国などより順位が下ですが、米国にはハワイやグアムを、中国には香港やマカオを合わせると、ずっと多くなります。ただし、中国については台湾や香港を除いた本土への旅行者数は近年停滞しています。尖閣諸島問題など日中間の外交関係が影響しているようです。

うなぎのぼりのインバウンド

一方のインバウンド、日本を訪れる外国人の近年の急増は驚くほどです。2011年に東日本大震災の影響で落ち込んだ後、翌年以降はまさにうなぎのぼり。中国や韓国、東南アジア諸国からの観光客も増えています。観光以外の目的も含んでいますが、入国者数の伸び率の高さは、先ほどの日本人出国数と比較したグラフにしてみると明白です。

1990年代まで少なかった訪日観光客＝インバウンドは、なぜこれほどまでに増加したのでしょう。1つは、アジア諸国の経済成長によって国際観光に参加で

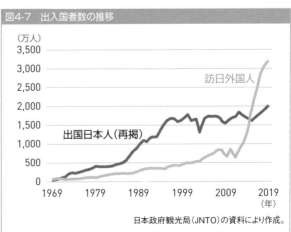

図4-7　出入国者数の推移

（万人）

訪日外国人

出国日本人（再掲）

1969　1979　1989　1999　2009　2019（年）

日本政府観光局（JNTO）の資料により作成。

きる階層が増えたことがあります。とくに中国は「分母」が大きいので、「上位１％の超富裕層」が1400万人もいるわけです。それほどのお金持ちでなくても、ＬＣＣの就航や円安傾向でずいぶん旅行しやすくなりました。2015年頃の「爆買い」ブームが思い出されます。２月の春節（中国の旧正月）の休暇に日本を訪れた中国人観光客が、化粧品や衛生用品などの日用品や、デジタルカメラなどの電気製品を大量購入する風景が日本各地で見られました＊。

＊その後、ブームは沈静化しましたが、最近は越境ＥＣ、つまりインターネットショッピングに移行しているようです。わざわざ日本まで来て買い物をして、重たい荷物を持ち帰る代わりに、クリック１つで注文するだけです。このため、日本の観光地では中国人観光客に対し、茶道や和装、人気アニメのコスプレなどといった体験型の商品やサービスの提供を進めています。いわゆる「モノ消費」から「コト消費」への転換です。

それから、日本政府がインバウンド観光を成長戦略の一環と捉えて、「ビジット・ジャパン・キャンペーン」＊などの宣伝活動に力を入れたこともありますが、何といってもアジア諸国へのビザ（査証＝入国許可書）発給を緩和したことは大きいのではないでしょうか。日本人は多くの国にパスポートだけで入国可能だから、ふだんあまり気にしませんが、本来は旅行先の国が発行する入国許可書であるビザが必要です（日本は多くの国との協定でビザなし渡航を認められているのです）。日本政府は、タイやマレ

図4-8　ビザ発給件数の推移

（万件）

第1講 地図と交通
第2講 資源・エネルギー
第3講 産業・農林水産業
第4講 文化と生活
第5講 東アジア・東南アジア編
第6講 南アジア編
第7講 西アジア編
第8講 アフリカ編
第9講 ヨーロッパ編①
第10講 ヨーロッパ編②
第11講 ロシア・米国編
第12講 中南アメリカ編
第13講 オセアニア編
第14講 日本編

表4-4 相手国別ビザ発給件数

国名	2011年	2018年	変化率
中国	742,982	5,447,097	733%
フィリピン	56,347	347,816	617%
ベトナム	26,860	286,919	1068%
インドネシア	54,481	242,773	446%
インド	40,603	113,845	280%
ロシア	30,162	78,010	259%
ブラジル	21,677	51,893	239%
韓国	21,370	31,249	146%
モンゴル	7,600	22,175	292%
ネパール	6,294	21,947	349%

ーシアには2013年、インドネシアには2014年からビザを免除しています。フィリピン・ベトナムにも2014年からはビザ発給条件を大幅に緩和しています。中国人に対しても、2009年に初めて個人観光ビザの発給を開始していましたが、その後は条件の緩和が進んでいます。

　相手国の経済水準が低いと入国後に違法就労しやすいとして、以前は免除・緩和が難しかったのです。コロナ禍の収束後には、観光客数だけでなく実質的な移民の数も大きく拡大するのではないでしょうか。観光客に対しては、外国語の案内を増やしたり、宗教や習慣に配慮したり** といった「おもてなし」が、移民に対しては労働力として使い捨てるのではなく、共に働き生活するものとしての共生意識が求められています。

---

* 民官協力による訪日外国人に向けた観光促進活動のことで、2003年に「2010年に訪日外国人を年1000万人へ」という目標を掲げました。リーマンショックや東日本大震災の影響から、3年後れでこの目標は達成され、その後2018年には年3000万人まで伸ばしたのです。

** マレーシアやインドネシアなどからの観光客の増加に対応して、豚肉やアルコー

ルを口にしないムスリム（イスラームの信者）に許された「ハラール食品」を扱う店が観光地にも徐々に現れています。

話はちょっと違いますが、世界全体で紛争や迫害により故郷を追われた難民が急増しており、その数は7950万人、地球上のおよそ100人に1人が難民です（2019年末）。その多くは地続きの隣国に逃れていますが、その避難先も発展途上国であることが多く、安住の地ではありません。そのため、遠く離れた先進国を目指す難民も多いのですが、ヨーロッパ諸国や米国、カナダなどに比べて日本は難民受け入れにきわめて消極的です。

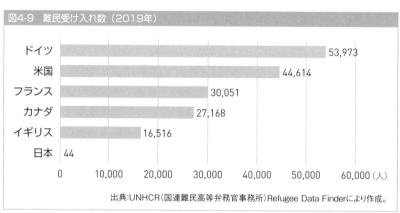

図4-9　難民受け入れ数（2019年）

ドイツ	53,973
米国	44,614
フランス	30,051
カナダ	27,168
イギリス	16,516
日本	44

出典:UNHCR（国連難民高等弁務官事務所）Refugee Data Finderにより作成。

出入国在留管理庁（いわゆる入管）が難民認定の実務を担っており、「保護」というよりも「管理」の視点で難民認定申請者を扱っています。難民認定率は1％未満と厳しく、不認定と同時に収容や送還となる事態が続いています。収容施設では十分な医療を受けられないなどの非人道的な処遇に対してハンストが起きたり、自殺・自殺未遂が相次いだりしています。外国人に冷淡な排他性の克服は、日本社会にとって重い課題といえます。

第 2 部

お金の流れの変化から
激変する世界を
読み解く

東アジア・東南アジア編

日本企業の新車なのに日本で発売されない⁉

POINT

★世界の工場に成長した中国は、不足する資源の輸入が拡大している

★米の輸出で有名なタイは、今では東南アジアの自動車産業の核である

★長い戦乱をくぐり抜けたベトナムは、急成長する工業国に刷新された

 グローバル化で発展する「発展途上国」

現代の世界経済を形容するのによく用いられる言葉といえば、「ボーダーレス（borderless）」や「グローバル化（globalization）」。ますます盛んになる多国籍企業を主体としたビジネスは、易々と国境を越え、舞台狭しと地球全体に拡大しています。それとともに、先進国と発展途上国の役割も大きく変化しています。

かつての「垂直分業」体制の下では、発展途上国は先進国への一次産品（地下資源や農畜産物など）、あるいは移民労働力の供給元でしかありませんでした。輸入した安価な資源（や労働力）を利用し、それぞれが得意分野の工業製品を輸出し合う「水平分業」は、先進国同士のものに限られていました。

ところが、交通機関の発達に加え、ＩＴ革命による情報化の進展、通信コストの低減を背景にして、世界中の生産拠点を効率的・有機的に結びつけることが可能になりました。こうして、サプライチェーン（原材料を加工し、素材・部品・半製品を経て完成品を製造し、消費地まで届ける連鎖的活動）がグローバル化することで、発展途上国も巻き込んだ「新しい水平分業」が見られるようになったのです。

交通・情報の高速化によって、時代の変革のスピードも加速しています。今日の成長国は明日の衰退国。ビジネスの世界で生き抜くためには、過去に学びながらつねに先を読まなくてはなりません。少し前になります

が、ＮＨＫ・Ｅテレの『ねほりんぱほりん』という番組で億単位の私財を築いた投資家「億り人」が特集され、株式投資の成功の秘訣として紹介されたのが、この本でもたくさん引用している統計資料集『世界国勢図会』を熟読することでした（私も熟読しているはずなんですが……）。

　本講では、その『世界国勢図会』のデータのうち世界各国の主要輸出品目（国によっては輸入品目も）が、この20年でどのように変化したのかをチェックすることで、ここで述べたような世界規模における貿易の変容に加えて、リージョナルな（広域の）、あるいはローカルな（地場の）変化についても確認していきましょう。

　なお、世界全体の貿易額（輸出ベース）は1999年の5.5兆ドルから、2019年には18.7兆ドルと約3.4倍に拡大していますが、そのうち、先進国の占める割合は67％から60％に低下しています。

「世界の工場」となった中国

　21世紀に入って、世界貿易のステージで一気に主役の座を得たのが中国です。1978年から始まった改革開放政策は、天安門事件（1989年）による一時的な停滞を乗り越えて、爆発的な工業化の進展をもたらしました。1998年の輸出品目上位には、まだ繊維品をはじめとする軽工業品が多く並

表5-1　中国の輸出貿易

1998年	百万ドル		2018年	百万ドル	
1位/機械類	44,026	24.0%	1位/機械類	1,093,132	43.8%
2位/衣類	30,121	16.4%	2位/衣類	158,212	6.3%
3位/繊維品	12,968	7.1%	3位/繊維品	118,575	4.8%
4位/はきもの	8,055	4.4%	4位/金属製品	95,762	3.8%
5位/がん具	7,259	3.9%	5位/自動車	83,474	3.3%
総計	183,809	100.0%	総計	2,494,230	100.0%

『世界国勢図会』第12版・第31版により作成。

第1講　地図と交通
第2講　資源・エネルギー
第3講　産業・農林水産業
第4講　文化と生活
第5講　東アジア・東南アジア編
第6講　南アジア編
第7講　西アジア編
第8講　アフリカ編
第9講　ヨーロッパ編①
第10講　ヨーロッパ編②
第11講　ロシア・米国編
第12講　中南アメリカ編
第13講　オセアニア編
第14講　日本編

んでいます。

しかし、2001年のＷＴＯ（世界貿易機関）加盟を契機に、先述のグローバリズムの流れに乗って、サプライチェーンの下流で組み立てた完成品を先進国市場に輸出する製造拠点となりました。2018年に輸入した機械類のうち４割は集積回路で、輸出した機械類の３割は通信機器です。

つまり、台湾、韓国、日本などから高度な部品を輸入し、組み立てたスマホなどを米国や香港* に輸出しているのです。

依然、衣類などの軽工業製品も上位に残っていますが、その比率は低下し、代わって機械類の割合が倍増、輸出総額では13倍以上に拡大しています。輸出額ランキングでは1998年の９位から、なんと世界第１位にのぼり詰めました。

---

* 香港は中継貿易港であり、大部分は香港を経由して他国に輸出しています。

こうして、発展途上国から「新興国」に成り上がった中国では、輸入額においてもこの期間に10位から２位に躍進しています。以前は自給可能だった鉄鉱石などの工業原料に加えて、拡大する国内市場での需要を満たすための原燃料や食品* を求めて、南アメリカやアフリカの国々との間で垂直分業の関係を構築しているのが現状です。

表5-2　中国の輸入貿易

1998年	百万ドル		2018年	百万ドル	
1位/機械類	51,209	36.5%	1位/機械類	724,953	34.0%
2位/繊維品	11,249	8.0%	2位/原油	239,222	11.2%
3位/プラスチック	9,504	6.8%	3位/精密機械	96,522	4.5%
4位/鉄鋼	6,563	4.7%	4位/自動車	81,362	3.8%
5位/精密機械	4,086	2.9%	5位/鉄鉱石	75,011	3.5%
総計	140,237	100.0%	総計	2,134,983	100.0%

『世界国勢図会』第12版・第31版により作成。

第1講 地図と交通
第2講 資源・エネルギー
第3講 産業・農林水産業
第4講 文化と生活
第5講 東アジア・東南アジア編
第6講 南アジア編
第7講 西アジア編
第8講 アフリカ編
第9講 ヨーロッパ編①
第10講 ヨーロッパ編②
第11講 ロシア・米国編
第12講 中南アメリカ編
第13講 オセアニア編
第14講 日本編

＊表外ですが、2018年の輸入第9位は大豆です。生産を急拡大させているブラジル（P.88参照）から大量に輸入して食用油の搾油原料として利用し、搾りかすは家畜の飼料になっています。

 ＩＭＦ危機からの回復と中国依存

　軍事政権による開発独裁＊の下で工業化を進めていた韓国では、1970年代を中心に「漢江の奇跡」と呼ばれる著しい経済成長を達成し、台湾・香港・シンガポールとともにアジアＮＩＥｓ（新興工業経済地域）の一角を占めていました。1990年代には先進国の仲間入りを果たし、1996年にはＯＥＣＤ（経済協力開発機構）にも加盟しています。

　しかし、表で示された1998年の韓国といえば、前年のアジア通貨危機＊＊による打撃から立ち直ろうともがいていた時期です。ＩＭＦ（国際通貨基金）の救済を受けるために、その介入を許して経済運営の主権を一時的に委ねるほどの屈辱的な危機でしたから、財閥の改革・銀行の整理といった構造改革に懸命に取り組んでいました。その結果、短期間で回復を遂げています。

　水原を拠点とするサムスン電子の半導体製品・スマホ・薄型テレビ、蔚山を拠点とするヒュンダイ（現代）の自動車・造船、浦項を拠点とするポ

表5-3　韓国の輸出貿易

1998年	百万ドル		2018年	百万ドル	
1位/機械類	44,189	33.4%	1位/機械類	261,648	43.3%
2位/自動車	11,753	8.9%	2位/自動車	60,583	10.0%
3位/繊維品	11,282	8.5%	3位/石油製品	47,454	7.8%
4位/船舶	8,014	6.1%	4位/プラスチック	30,964	5.1%
5位/鉄鋼	7,306	5.5%	5位/鉄鋼	28,064	4.6%
総計	132,302	100.0%	総計	604,807	100.0%

『世界国勢図会』第12版・第31版により作成。

129

スコの鉄鋼など、国際競争力の高い製造業が発達していますが、国内市場はそれほど大きくないので輸出依存度がきわめて高い構造です。とくに近年では貿易における中国との関係が深まっており、輸出先の3割近く、輸入先の2割は中国です。

また、韓国の石油産業はきわめて規模の大きい製油所を有しており、ガソリンや軽油・灯油などの石油製品を日本にも多く輸出するようになっています。

*1950年代以降の発展途上国で見られた独裁形態。工業化を政策の最優先課題に掲げ、反対勢力を抑圧する政治。アジアでは韓国（李承晩1948〜60、朴正煕1963〜79）のほか、インドネシア（スカルノ1945〜67、スハルト1968〜98）、フィリピン（マルコス1965〜86）、マレーシア（マハティール1981〜2003）などで見られました。

**1997年にタイの通貨バーツが暴落したことをきっかけに信用不安が拡大し、経済危機が韓国やインドネシアなどアジア各国に飛び火しました。

 自動車国際分業の拠点・タイ

ASEAN（東南アジア諸国連合）の国々も新しい国際分業の重要なプレーヤーです。先進国並みの経済水準を誇り、韓国とともにアジアNIESの一員だったシンガポールは別格として、タイやマレーシアの貿易額がそれに続き、インドネシアやフィリピンが3番手グループでしたが、近年ではベトナムが急成長して3番手グループを抜いています。

なかでも、タイは東南アジ

表5-4　ASEAN諸国の貿易額（2019年）

国名	輸出額 （百万ドル）	輸入額 （百万ドル）
シンガポール	390,698	359,205
タイ	245,346	239,307
マレーシア	238,104	204,835
ベトナム	190,312	210,577
インドネシア	164,585	151,853
フィリピン	70,334	108,974

『世界国勢図会』第31版により作成。

第1講 地図と交通

第2講 資源・エネルギー

第3講 産業・農林水産業

第4講 文化と生活

第5講 東アジア編・東南アジア編

第6講 南アジア編

第7講 西アジア編

第8講 アフリカ編

第9講 ヨーロッパ編①

第10講 ヨーロッパ編②

第11講 ロシア・米国編

第12講 中南アメリカ編

第13講 オセアニア編

第14講 日本編

アにおける自動車産業の分業体制において、核となる役割を担っています。つまり、周辺国から輸入された部品がタイの工場で組み立てられ、最終製品として輸出されるわけです。1997年の輸出品目には農水産品や軽工業品が並んでいますが、2018年には自動車やその関連品目（自動車のタイヤとなるゴム製品*など）が中心となっています（表5−5参照）。日本メーカーのタイで生産・販売された車が、時間を置いて日本で発売される時代です。日本で発売されないモデルもあります。

1997年の4位に見える米の輸出については、P.57を参照してください。

* タイは天然ゴムの生産量が世界一の国でもあります。

表5-5　タイの輸出貿易

1997年	百万ドル		2018年	百万ドル	
1位/機械類	20,642	35.4%	1位/機械類	78,815	31.2%
2位/魚介類	4,211	7.2%	2位/自動車	30,532	12.1%
3位/衣類	3,722	6.4%	3位/プラスチック	11,834	4.7%
4位/米	2,100	3.6%	4位/石油製品	9,416	3.7%
5位/繊維品	2,060	3.5%	5位/ゴム製品	7,348	2.9%
総計	58,283	100.0%	総計	252,485	100.0%

『世界国勢図会』第12版・第31版により作成。

国の規模は大きいインドネシアだが……

東南アジアで最大の面積・人口を持つインドネシアはどうでしょう。以前は原油の輸出が盛んな資源供給国でしたが、生産施設の老朽化による減産に加え、国内需要の拡大によって原油については純輸入国*に転落しています。そのためにＯＰＥＣ（石油輸出国機構）を脱退したことはP.44に書きました。天然ガスの生産も停滞しており、現在も輸出国ではあるものの、その額はわずかです。

* その品目について輸出よりも輸入のほうが多い国。

131

原油に代わって2000年代に拡大したのが石炭の生産・輸出です。インドネシア産の石炭は炭化の度合いが低い低品位の褐炭が中心で、以前は見向きもされませんでした。ところが、中国・インドでの需要拡大によって国際的な石炭需給が逼迫し、質が悪くても中国などが買ってくれるようになったのです。インドネシアの石炭は、世界における生産量のシェアは7％（2017年）にすぎないのに、産出量の84％を輸出することで、なんとオーストラリアを抜いて世界一の輸出国（輸出量のシェアは29％）になりました。ただし、熱効率が低いうえに温室効果ガスの排出率が高いという環境面での課題から、先行きは不透明です。

　また、油やしから採れるパーム油は、スナック菓子などの加工食品用、洗剤用として輸出されていますが、こちらは農園開発が熱帯林の破壊に結びついていることが問題となっています。今も一次産品に依存するインドネシアの輸出貿易にとって、地球環境問題は重い足かせになりそうです。

　1998年から20年間のインドネシアの輸出額の伸び率は、世界平均とほぼ同程度で、成長著しいＡＳＥＡＮの中では出遅れています。本来なら、豊富な労働力を利用して中国のように輸出指向の工業化を推進したいところです。しかし、1998年といえば、アジア通貨危機の影響による反政府運動

表5-6　インドネシアの輸出貿易

1998年	百万ドル		2018年	百万ドル	
1位/機械類	3,948	8.1%	1位/石炭	23,979	13.3%
2位/液化天然ガス	3,547	7.3%	2位/パーム油	16,528	9.2%
3位/原油	3,349	6.9%	3位/機械類	14,813	8.2%
4位/衣類	2,681	5.5%	4位/衣類	8,928	5.0%
5位/繊維品	2,358	4.8%	5位/自動車	7,481	4.2%
総計	48,848	100.0%	総計	180,215	100.0%

『世界国勢図会』第12版・第31版により作成。

132

でスハルト大統領の長期独裁政権が倒された年。首都ジャカルタで発生した暴動は、その後の先進国企業による投資を妨げてしまったようです。ジャワ島以外の島で見られる分離・独立運動や、インフラ整備の遅れも投資する側にとってはリスクとなっています。

飛躍するベトナム経済

フランスからの独立戦争（第1次インドシナ戦争）、その後介入してきた米国との戦争（ベトナム戦争）を経て、1976年にようやく全土を統一したベトナム社会主義共和国。その後も今度はベトナムによるカンボジアへの介入*、それをとがめた中国との対立（中越戦争）があり、つねに戦争と緊張の下にあった国です。米国による経済制裁が続き、反共を目的に設立されたASEANの国々とも対立したため、閉鎖的な統制経済をとっていました。

* 当時のカンボジアはポル＝ポト政権の支配下にありました。共産主義を掲げて中国からの公認を得ていましたが、実際には国民に対する苛烈な人権抑圧と大量虐殺を行っていました。

しかし、ベトナムでは1986年に、社会主義体制の下で市場経済を導入

表5-7　ベトナムの輸出貿易

1997年	百万ドル		2018年	百万ドル	
1位/原油	1,411	15.5%	1位/機械類	98,339	40.4%
2位/衣類	1,347	14.8%	2位/衣類	28,896	11.9%
3位/はきもの	628	6.9%	3位/はきもの	16,813	6.9%
4位/米	501	5.5%	4位/魚介類	8,623	3.5%
5位/魚介類	437	4.8%	5位/繊維品	8,228	3.4%
総計	9,100	100.0%	総計	243,699	100.0%

『データブック オブ・ザワールド』vol.14、『世界国勢図会』第31版により作成。

第1講　地図と交通
第2講　資源・エネルギー
第3講　産業・農林水産業
第4講　文化と生活
第5講　東アジア・東南アジア編
第6講　南アジア編
第7講　西アジア編
第8講　アフリカ編
第9講　ヨーロッパ編①
第10講　ヨーロッパ編②
第11講　ロシア・米国編
第12講　中南アメリカ編
第13講　オセアニア編
第14講　日本編

し、対外開放を進める政策を開始しました。中国の改革開放とそっくりなこの政策は「ドイモイ（刷新）」と呼ばれました。また、1995年には米国との国交が樹立され、経済制裁は撤廃されました。

この年にはＡＳＥＡＮ加盟も果たし、国際社会に復帰しています。このような情勢の安定化を機に、大量の低賃金労働力を必要とする労働集約的な部門の工場が、先進国から移転するようになったのです。

表5-7を見ればわかるように、1997年は軽工業中心でしたが、2000年代に入ると電子機器などの機械類の製造拠点が増加し、2018年には輸出額の４割を機械類、具体的にはスマートフォンやコンピュータ製品などが占めています。最近では、「貿易戦争」とも呼ばれる米中貿易摩擦の影響も受けて輸出額が拡大しています。中国に生産拠点を持つ企業が、工場設備をベトナムに移して迂回輸出することで米国の対中国追加関税を回避したのです*。ベトナムには中国と陸路の物流ルートを持つ強みがあります。

魚介類は日本向けに養殖されたえびなどです（これに伴う環境破壊については P.94でお話ししました）。表外では、コーヒー豆の輸出量が（生産量も）ブラジルに次いで世界第２位。フランス植民地時代に持ち込まれたプランテーション栽培がドイモイの下で急成長したのです。ただし、高原などで栽培される香り高いアラビカ種ではなく、高温多湿でも育つ苦味の強いロブスタ種を栽培しており、インスタント製品や缶コーヒー向けの低価格品中心なのが課題です。

1997年には多かった原油の輸出が減っているのは、南東沖合の海底に開発された主要な油田の産出量が低下していることや、国内での消費が拡大していることが要因です。北東部のホンガイ炭田などで石炭の生産も少なくないのですが、やはり国内で多く利用されるので輸出余力は小さくなっているようです。それだけベトナムの経済が拡大しているわけです。

---

*2019年には任天堂が「Nintendo Switch」の生産ラインの一部を中国からベトナムに移管したことが報道されました。

南アジア編

安価な労働力と巨大企業

POINT

★インドでは混合経済から開放経済への転換で工業製品の輸出が拡大
★インドICT産業が発展した要因は、数学・英語・時差・カースト
★バングラデシュの女性たちが先進国のファストファッションを支える

混合経済から開放経済へ

　中国やロシア、ブラジルとともにBRICsの1つに数えられる21世紀の成長国がインドです。その評価に違(たが)わず、この20年で貿易額は約10倍に急拡大しています（次ページの表）。他の新興国と同様に、輸出品目は一次産品から軽工業製品、そして重化学工業製品へとシフトしています。

　インドではイギリスからの独立後に、国家主導の「混合経済」体制を採用していました。混合経済とは、市場経済という資本主義（自由主義）的な政策と、計画経済という社会主義的な政策を組み合わせたしくみのことで、基幹産業は国営・公営で行われました。

　外国からの製品輸入は制限され、自給自足を目指してあらゆる分野の国内産業が手厚い保護の下に置かれました（輸入代替型工業化）。これは、ガンディーのイギリスとの闘争から始まったスワデシ（国産品愛用）運動の流れをくむ政策です。

　しかし、過保護に慣れてしまったインド工業の競争力は低いまま。国産自動車は何十年もモデルチェンジなしの旧式でした。

　こうした行き詰まりの打開のため、1980年代には政府による規制緩和が始まり、1991年に導入された新経済政策によって経済の自由化が本格化し、開放経済体制に転換したのです。企業の設立や活動が自由化されると、安価な労働力を求め巨大な市場を狙(ねら)った外国資本の進出が相次ぎました。

表6-1 インドの輸出貿易

1998年	百万ドル		2018年	百万ドル	
1位/衣類	4,797	14.4%	1位/石油製品	47,959	14.9%
2位/ダイヤモンド	4,785	14.4%	2位/機械類	33,439	10.4%
3位/繊維品	4,560	13.7%	3位/ダイヤモンド	25,595	7.9%
4位/機械類	2,346	7.1%	4位/繊維品	18,115	5.6%
5位/米	1,492	4.5%	5位/自動車	17,354	5.4%
総計	33,207	100.0%	総計	322,492	100.0%

『世界国勢図会』第13版・第31版により作成。

表6-2 インドの輸入貿易

1998年	百万ドル		2018年	百万ドル	
1位/機械類	5,893	13.9%	1位/原油	114,708	22.6%
2位/金(非貨幣用)	4,529	10.7%	2位/機械類	95,385	18.8%
3位/ダイヤモンド	3,701	8.7%	3位/金(非貨幣用)	31,756	6.3%
4位/原油	3,694	8.7%	4位/ダイヤモンド	26,552	5.2%
5位/石油製品	3,096	7.3%	5位/石炭	26,378	5.2%
総計	42,425	100.0%	総計	507,616	100.0%

『世界国勢図会』第13版・第31版により作成。

　自動車産業では、規制緩和によってインド政府と日本企業（スズキ）との合弁企業（現在のマルチ＝スズキ）が設立されました。1980年代に大衆向けの小型乗用車（日本の軽自動車）の生産がデリー郊外で始まり、一時期は乗用車市場でのシェアが6割を超えるほどの人気でした。今では米国のフォード、韓国のヒュンダイ（現代）、ドイツのフォルクスワーゲンなども進出していますが、それでも5割のシェアを維持しています。政府が自動車部品の調達を自由化した2000年代以降は急速に生産台数が増加しており、輸出品目の上位にも顔を出すようになったのです。マルチ＝スズ

キの乗用車（バレーノ）は、日本にも逆輸入されるようになっています*。

> *同様の例として、日産自動車（マーチ）や三菱自動車（ミラージュ）はタイで生産した自動車を日本市場に投入しています。

 ダイヤモンドあれこれ

インドの貿易統計を見ていて、目にとまるのが「ダイヤモンド」です。輸出入どちらも上位に入っています。ダイヤモンドを輸入して、ダイヤモンドを輸出する──一見無意味なことをしているようですが、これは一体⁉

実は、輸入しているのはダイヤモンドの原石で、輸出しているのは研磨・加工された宝石としてのダイヤモンド。つまり、原料を輸入して製品を輸出する加工貿易の一種なのです。古くは世界で唯一のダイヤモンド産地であったインドには研磨技術の伝統があり、これに加えて豊富な低賃金労働力があって、今では輸入原料を用いて世界最大級の宝飾品製造業が発達しているのです。インドと同様に、イスラエルやベルギー*でもダイヤモンドが輸出入品の両方に入っていますが、貿易構造としては同じです。

18世紀にブラジルでダイヤモンドが発見されるまでは、インドが産出を独占していました。19世紀にはブラジルに代わって南アフリカ共和国が主産地となり、同国に本社を置くデビアス社が世界のダイヤモンド流通を支配するようになります。その一方で、インドやブラジルのダイヤモンドは枯渇していきます。そしてインドには加工産業が残ったのです。

さらに、20世紀前半にはアフリカ中央部のコンゴ民主共和国（当時はベルギー領）やロシア（現在の生産量世界一）、20世紀後半にはアフリカ南部内陸のボツワナでも生産が拡大しました。アフリカでは、他にもシエラレオネ、リベリア、コートジボワールなどで産出しますが、これらの国では内戦に際してダイヤモンドの密貿易が武装勢力の資金源（武器などの購入費用）になる「紛争ダイヤモンド」と呼ばれる問題が生じてきました。

また、インドでは研磨工場における児童労働の問題も指摘されてきまし

た。当然、「買う側」である先進国の企業や消費者にも責任のある国際的
な課題です。

> *ヨーロッパにおいてディアスポラ（離散）の民族として迫害されたユダヤ人は、
> 持ち運びの容易なダイヤモンドのような宝飾品・貴金属を重視してきたといわれて
> います。ベルギーのアントウェルペン（アントワープ）では15世紀にダイヤモン
> ドの粉でダイヤモンドを研磨する技術が発明され、ユダヤ系のダイヤモンド加工職
> 人が多く集まってきました。しかし、第二次世界大戦でナチスドイツがベルギーを
> 攻撃し始めると、ユダヤ人たちはパレスチナ（現在のイスラエル）のテルアビブに
> 亡命しました。これが現在のイスラエルにおけるダイヤモンド産業の基礎になった
> といわれます。

現代インドの「強み」とは

石油産業もインドの成長部門です。2018年の輸出入統計を見れば、原油
を輸入して、精製した石油製品を輸出するという、これまた加工貿易的な
産業構造が明らかです。インドでは海底油田などの開発を進めています
が、現状では消費量の８割以上を輸入に頼っています。中国に次ぐ14億近
い人口と近年の経済成長を背景に、エネルギー資源の需要は著しく高まっ
ています。石炭は、有名なダモダル炭田*などで古くから生産が盛んです
が、それでも需要の急増によって輸入依存度が高まっています。

> *インド北東部のダモダル川流域には、ダモダル炭田の他、シングブーム鉄山など
> が存在し、鉄鋼業の立地に不可欠な石炭と鉄鉱石が豊富です。そのため、すでに植
> 民地時代から民族資本であるタタ財閥（現在のタタ＝グループ）による近代的製
> 鉄所がジャムシェドプルに建設されていました。
>
> 　1948年には、ダモダル川流域開発公社（ＤＶＣ：Damodar Valley Corpo-
> ration）が設立され、コロンボ計画（イギリス中心の経済協力機構）に基づく先進
> 国の資本や技術を導入して、地域の総合開発を進めました。多目的ダムの建設で発
> 電した電力を周辺の地下資源と結合させて、ジャムシェドプルの他、ラーウルケー
> ラ、アサンソル、ドゥルガプルなどで鉄鋼業が発達しました。

なお、現在世界最大の鉄鋼メーカーであるアルセロール＝ミッタル社（本社ルクセンブルク）の創業オーナーはインド人実業家です。ただし、同社の工場はインドを含むアジアにはありません。

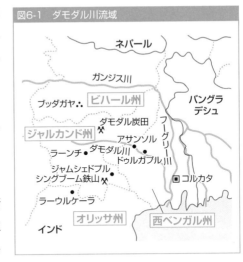

図6-1　ダモダル川流域

しかし、現代のインド経済を牽引（けんいん）している本当の「主役」は、自動車でもダイヤモンドでも石油製品でもありません。一体それは何でしょう？　ヒントは、「この貿易統計には現れない部門」であることです。

そう、ＩＣＴ（情報通信技術）産業です。ソフトウェア開発、ＩＣＴ関連サービス、これらのアウトソーシング（企業活動の外部委託）の受注などがそうです。「インドのシリコンヴァレー」と呼ばれる南部の高原都市バンガロールを中心に、開放経済体制の下で、とくに21世紀に入って急成長した部門です。

たくさんの「理由」

インドにおけるＩＣＴ産業成長の背景には、いくつもの理由がありますが、以下に５つ挙げます。

①　比較的賃金水準の低い、優秀な理数系の人材が豊富であること。古代の「０の発見」から夭折（ようせつ）の天才数学者ラマヌジャンまで、インド数学の輝かしい歴史はよく知られていますが、独立後、初代首相ネルーによって設立されたインド工科大学（工学と科学技術を専門とする23の国立大学の総称）は、多くの高度な知的技術者を輩出しています。

第1講 地図と交通
第2講 資源・エネルギー
第3講 産業・農林水産業
第4講 文化と生活
第5講 東アジア・東南アジア編
第6講 南アジア編
第7講 西アジア編
第8講 アフリカ編
第9講 ヨーロッパ編①
第10講 ヨーロッパ編②
第11講 ロシア・米国編
第12講 中南アメリカ編
第13講 オセアニア編
第14講 日本編

②　旧宗主国イギリスの言語である英語が準公用語として普及していること。若い人材が、アメリカ合衆国など先進国の最先端の大学や研究機関などに積極的に留学・就職する風潮を支えています。また、先進国企業から受注するアウトソーシング業務のうち、コールセンター（電話による顧客対応）などの顧客対応の分野でも英語力は不可欠です。

③　アメリカ合衆国と約半日の時差があること。アメリカ人が寝ている間に、地球の裏側でインド人がソフトウェア開発、システム管理、コールセンター業務などを行うのです。世界中が人工衛星や海底ケーブルによるインターネット回線で結ばれている情報社会ならではの結びつきです。

④　インドでは輸送・電力など産業基盤となる社会資本（インフラストラクチャー）の整備は遅れています。しかし、このことはインターネットをはじめとする通信技術の発展にとってはさほどのハンデにはなりません。そこで、投資がコンピュータやＩＣＴの分野に集中しているのです。

⑤　カースト制度との関係も見逃せません。カーストは、インド国民の8割が信仰する民族宗教であるヒンドゥー教と結びついた身分制度です。バラモン、クシャトリヤ、ヴァイシャ、シュードラという4身分*の「ヴァルナ（種姓）」は日本でもよく知られていますが、さらに身分ごとに細かく定められた職業集団「ジャーティ」に分かれています。3000近くもあるといわれるジャーティの間にも上下関係があり、慣習的な差別が続いています。

　しかし、ＩＣＴ産業などは伝統的なジャーティに含まれないため、そのような部門で働くことは下位カーストの人々にとって差別の抑圧から逃れるための有効な手段となるのです。

---

* 4身分よりさらに下と見なされるダリット（不可触民）と呼ばれる人々も存在します。

インドの東、ガンジス川やブラマプトラ川のデルタを中心に位置するバングラデシュ。人口密度は1116人/㎢（2020年）と日本の約３倍という異常な高さで、沿岸の低地に集住するためサイクロン（台風と同じ熱帯低気圧）による高潮や洪水の被害が大きく、地球温暖化による海面上昇も心配される国です。

この国が、元はパキスタンの一部だったことをご存じでしょうか。

英領インドが独立する際に、宗教の違いによって、ヒンドゥー教のインドとイスラームのパキスタンに分かれたのですが、今のバングラデシュは「東パキスタン」という

図6-2　バングラデシュ

地域名で、「西パキスタン（現在のパキスタン）」とともに一国を形成していたのです。しかし、国土が遠く離れている*うえ、宗教こそ同じであるものの東西で民族（言語）は異なり**、西側が主導する国家運営に東側が反発して、1971年に分離・独立した***のです。

----

* このような地続きの飛び地をエクスクラーフェンといいます。現代ではアメリカ合衆国のアラスカ州や、ロシアのカリーニングラートなどがよい例です。

** パキスタンの公用語はウルドゥー語（インドのヒンディー語と同系統）、バングラデシュの公用語はベンガル語です。バングラデシュの国名は、「ベンガル（バングラ）人」の「デシュ（国）」の意味です。

*** パキスタンとカシミール地方の領有を争っていたインドは、バングラデシュの独立を支援し、パキスタンと戦争になりました（第３次印パ戦争）。インドとパキスタンの軍事的対立は、双方の核武装を伴って今も続いています。

第1講 地図と交通
第2講 資源・エネルギー
第3講 産業・農林水産業
第4講 文化と生活
第5講 東アジア・東南アジア編
第6講 南アジア編
第7講 西アジア編
第8講 アフリカ編
第9講 ヨーロッパ編①
第10講 ヨーロッパ編②
第11講 ロシア・米国編
第12講 中南アメリカ編
第13講 オセアニア編
第14講 日本編

表6-3でわかるように、バングラデシュでは輸出額の9割が衣類・繊維品という偏った産業構造になっています。この20年間の品目の変化はそれほど見られませんが、輸出総額は約6倍になっており、アパレル（衣服）産業の成長が顕著です。

図6-3　南アジア諸国の宗教

先ほどのインドの輸出品目をもう一度確認してください。1998年には衣類が1位でした。前講で扱った中国でも、1998年の輸出品目2位は衣類。布を複雑な形に裁断したり、ミシンをかけたり、ボタンを縫い留めたり、機械化しづらい衣類の縫製はたくさんの労働力を必要とする「労働集約的産業」です。

この場合の「労働力」には2通りあって、銀座や表参道のブティックに並ぶ高級アパレルなら、デザイン力や高い技術を持った大都市周辺に住む労働者。幹線道路沿いに大きな看板を掲げた衣料スーパーで安売りされる衣類なら、とにかく低賃金で働いてくれる地方圏や途上国の労働者。

表6-3　バングラデシュの輸出貿易

1998年	百万ドル		2018年	百万ドル	
1位/衣類	3,786	74.9%	1位/衣類	26,720	84.2%
2位/繊維品	433	8.6%	2位/繊維品	1626	5.1%
3位/魚介類	285	5.6%	3位/はきもの	697	2.2%
4位/革類	106	2.1%	4位/魚介類	447	1.4%
5位/繊維原料	83	1.6%	5位/革類	298	0.9%
総計	5,057	100.0%	総計	31,734	100.0%

『世界国勢図会』第12版・第31版により作成。

中国やインドは、低賃金労働力を武器に先進国企業の衣類工場を誘致し、工業化の足掛かりとしました。しかし、これらの国、とくに中国の都市部では、重工業化の進展と経済成長によって賃金水準が上がっていきます。すると、工場の立地は、もっと安い労働力を求めて都市部から農村部へ、さらには、賃金水準ではアジア最低に近いバングラデシュへと移動したのです。1人当たりGNI（国民総所得）で比べると、日本4万1340ドル、中国9470ドル、インド2020ドルに対し、バングラデシュは1750ドル。おまけに、人口1億6000万人の多くは若者であり、労働力はきわめて豊富です。

2000年頃からは、ＺＡＲＡ、Ｈ＆Ｍ、ＧＡＰ、ウォルマートなど、欧米の「ファストファッション」企業がバングラデシュに進出します。ファストフードのようにお手軽な価格で大量生産の衣料品のことです。日本からもユニクロをはじめとするアパレルメーカーが進出しています。こうしてバングラデシュは、トルコ*やベトナムを上回る衣類輸出国となったのです。ただし、トルコやベトナムでは機械工業の立地も進んでいますが、バングラデシュは軽工業の段階に留まっています。

サイクロンのような自然災害の多さ、植民地時代にはジュート**のモノカルチャーだったこと、パキスタン時代には産業投資が西パキスタンに集中してインフラ整備が遅れたこと、河川による国土の分断で交通機関の整備が進まないこと、などが重工業化を妨げているようです。

---

*トルコはヨーロッパに近い地理的特性を利用して、ＥＵ市場向けの製品を輸出しています（P.149）。ベトナムについてはP.133を参照のこと。

**ジュートは黄麻と呼ばれる繊維原料で、穀物やコーヒー豆などを入れる麻袋（南京袋）などの材料となります。1998年の輸出品目にある「繊維原料」はおもにジュートを指しています。

輸出額が拡大するバングラデシュのアパレル産業ですが、深刻な課題を抱えています。それは劣悪な労働環境と労働条件。2013年には、首都ダッカの近郊で複数の縫製工場が入った複合ビル「ラナ＝プラザ」が崩落し、死者1138人、負傷者2500人以上を出す大惨事が起きました。犠牲者の多くは農村出身の女性労働者でした。

「複合」ビルといっても、４階建てのビルを無理やり８階建てにした違法な増築の結果です。構造の弱い建物に労働者がすし詰めになり、大型発電機やミシンの激しい振動を受けて崩れたのです。その他にも、建築基準を守らない工場での火災が頻発し、労働者が犠牲になっています。下請けの賃金は7000円程度、日給ではなく月給です。その日の仕事が無事終わっても、帰る先は不衛生で危険なスラム街。政府は、低賃金労働力を求めて進出する外国企業の顔色をうかがって、工場への規制を強めることはなく、逆に労働運動を弾圧している始末です。

　そんなバングラデシュの女性に希望の光を与えているのが、マイクロクレジットと呼ばれる小規模な金融サービス。貧困層向けに少額を貸し付けて、経済的自立を支援するしくみです。今は世界各地に見られるマイクロクレジットの起源は、1983年にバングラデシュでムハマド＝ユヌス氏が創始したグラミン銀行です。ユヌス氏とグラミン銀行は2006年にノーベル平和賞を受賞しています。グラミンは「村」の意味

ラナ＝プラザの惨状 （©AP／アフロ）

で、おもに農村の女性の社会進出と
地位向上を促しました。

　日本の企業の中にも、このような
動きに参加する例があります。ユニ
クロを展開するファーストリテイリ
ング社はグラミン銀行との合弁会社
「GRAMEEN UNIQLO」を設立し
ました。地元の工場で製造したシャ
ツを、グラミン銀行から融資を受け
て自立を目指す貧しい農村部出身の

ムハマド＝ユヌス氏（©University of Salford Press Office）

女性たちが地元で販売します。女性たちは農家を巡回したり、自宅を店代
わりにしたりして委託された商品を売り、売上代金に応じて歩合を得るの
です。事業の収益は社会貢献事業に再投資されます。このような取り組み
をソーシャルビジネスといいます。

　バングラデシュでは、合計特殊出生率（1人の女性が生涯に産むこども
の数の平均）が1998年の3.37から2018年の2.04に低下する一方、女性の平
均寿命は同じ期間に64.25歳から72.32歳に延びています[*]。要因はさまざま
ですが、女性の地位向上が徐々に進んで、児童婚や多産の強要などの人権
侵害が減り、生活環境の改善が進んでいるようすがうかがえます。アパレ
ル業界の体質改善にはまだ時間がかかりそうですが、ここでもやはり先進
国の企業や消費者の責任が問われています。

---

[*]比較として、パキスタンの合計特殊出生率は3.56（2017年）、女性の平均寿命
は67.4歳（2016年）。

第1講　地図と交通
第2講　資源・エネルギー
第3講　産業・農林水産業
第4講　文化と生活
第5講　東アジア・東南アジア編
第6講　南アジア編
第7講　西アジア編
第8講　アフリカ編
第9講　ヨーロッパ編①
第10講　ヨーロッパ編②
第11講　ロシア・米国編
第12講　中南アメリカ編
第13講　オセアニア編
第14講　日本編

西アジア編

人口ボーナスに突入した国とは？

POINT

★一部の産油国は脱石油を目指すが、多くは資源輸出に依存している
★非産油国トルコは人口ボーナスを生かして新興工業国に成長してきた
★ヨーロッパとの政治的対立がトルコをイスラーム回帰に仕向けている

 原油輸出に偏る中東諸国

　西アジア・中東*の貿易といえば、金額ベースで考える限りペルシア湾岸の産油国**による原油・天然ガス・石油製品の輸出が圧倒的です。

　アラブ首長国連邦のように、産油国であっても「脱石油」を目指して経済の多角化を進めている例もありますが（P.23）、大半の国では輸出額の4〜7割を原油（または液化天然ガス）が占めています。米国の「誤解」***から始まったイラク戦争（2003〜11年）によって他の産業がほぼ壊滅したイラクにいたっては、輸出額の99.7％（2016年）が原油。

表7-1　西アジア産油国の上位輸出品目

アラブ首長国連邦(2018年)		サウジアラビア(2018年)		カタール(2016年)	
1位/機械類	21.1	1位/原油	65.6	1位/液化天然ガス	61.3
2位/原油	12.4	2位/石油製品	11.4	2位/原油	15.4
3位/石油製品	9.5	3位/プラスチック	6.5	3位/石油製品	4.8

イラン(2017年)		イラク(2016年)		オマーン(2017年)	
1位/原油	45.6	1位/原油	99.7	1位/原油	45.8
2位/石油製品	18.9	2位/石油製品	0.3	2位/石油製品	11.2
3位/プラスチック	4.3			3位/液化天然ガス	9.2

『世界国勢図会』第31版により作成。

第1講 地図と交通
第2講 資源・エネルギー
第3講 産業・農林水産業
第4講 文化と生活
第5講 東南アジア・編
第6講 南アジア編
第7講 西アジア編
第7講 アフリカ編
第9講 ヨーロッパ編①
第10講 ヨーロッパ編②
第11講 ロシア・編
第12講 中南アメリカ編
第13講 オセアニア編
第14講 日本編

これでは、西アジア各国の統計を新旧並べて比べてみても、同じようなものばかりで、あまり「映え」ません。

そこで今回は、非産油国に焦点を当てることにしました。その中でも、この20年間での成長・変化が著しいトルコを取り上げたいと思います。

＊西アジアと中東は大部分が重なりますが、中東にはエジプトなどの北アフリカの一部を含む場合があります。

＊＊石油輸出国による国家統合について、第2講の「ＯＰＥＣとＯＡＰＥＣ」（P.33）も参照してください。

＊＊＊米国側の最大の開戦理由はイラクが大量破壊兵器を保有していることでしたが、その証拠は一切発見されませんでした。

アジアとヨーロッパの架け橋

トルコ最大の都市＊イスタンブールといえば、庄野真代さんのヒット曲『飛んでイスタンブール』の他に、「何度も名前が変わった都市」として知られています。紀元前7世紀、ギリシャ人が建設した植民都市ビザンティオンが始まりです。4世紀には、コンスタンティヌス帝によってローマ帝国の都となりコンスタンティノープルと呼ばれます。この帝国は7世紀以降にイスラーム勢力の蚕食を受け、15世紀にはオスマン帝国の都となって現在のイスタンブールに改称されたのです。

この都市の重要性は、なんといってもその位置にあります。イスタンブールの市域は、ボスポラス海峡を挟んで東西に分かれていますが、この海峡は黒海から地中海への出入り口＊＊であるだけで

図7-1　トルコ最大都市イスタンブール

ブルガリア　東トラキア　ボスポラス海峡　黒海
ギリシャ　イスタンブール
エーゲ海　マルマラ海　アナトリア
ダーダネルス海峡　トルコ
地中海　キプロス　シリア　イラク

147

なく、アジアとヨーロッパとの境界にあたるのです。このため、イスタンブールは古代から東西交易の拠点として繁栄してきたのです。

＊ ただし、現在のトルコ共和国の首都は、アナトリア高原上のアンカラです。

＊＊ 厳密には、黒海からボスポラス海峡を経てマルマラ海へ、そこからダーダネルス海峡を経てエーゲ海、そして地中海とつながっています。

民族・宗教・国際政治のはざまで

そのようなイスタンブールの歴史的役割は、現在のトルコという民族国家の立ち位置にも反映されています。日本の約２倍の面積を持つ国土の大半はアジアのアナトリアですが、北西の３％（四国より一回り大きい）はヨーロッパの東トラキア＊。おもにアラビア語とペルシア語の世界である西アジアにおいて、そのどちらでもないトルコ語を話します。その表記にはヨーロッパ系言語と共通するローマ字を使っています。

かつてのオスマン帝国の中心ですから、もちろん宗教では西アジア諸国と同じくムスリム（イスラームの信者）が大半を占めます。しかし、現在のトルコ共和国は、トルコ革命を率いて「アタテュルク（トルコ人の父）」と呼ばれたムスタファ＝ケマル（通称ケマル＝パシャ）による西洋化・近代化の方針に基づいて、アラブ諸国と違った世俗主義（政教分離）の原則が採用されており、女性の姿を見ても（とくに大都市では）スカーフやヴェールを着けない西洋風のファッションが一般的です。男性の伝統であったフェズ（トルコ帽）も廃止されています。

トルコは、ムスリムの国としては唯一、西側の軍事同盟であるNATO（北大西洋条約機構）に加盟しています＊＊。

トルコ革命（1922年）からの亡命のため宮殿を脱出するオスマン帝国最後の皇帝メフメト６世。皇帝も見送る兵士もフェズを着けている

経済面でも、1961年にヨーロッパ諸国と北アメリカ２カ国で設立されたＯＥＣＤ（経済協力開発機構）の原加盟国です。ＯＥＣＤは別名「金持ちクラブ」とも呼ばれ、経済援助を与える先進国側の国際組織ですが、トルコは発展途上国であったにもかかわらず、冷戦下のソ連との関係から西側のメンバーに数えられたのです。

　というのは、ソ連がトルコに対して自らの黒海艦隊のボスポラス海峡における自由な通航などを求めたのですが、トルコはこれに反発して冷戦ではソ連と対決する米英側についたのです。歴史的にも、オスマン帝国の時代からロシアの南下政策に抵抗してきた***トルコは、西アジアのイスラーム圏にありながら、国際社会では西ヨーロッパの国のように振る舞う場面が多かったのです。

---

* 西トラキアはギリシャ領になっています。

** ＮＡＴＯが結成されたのが1949年、トルコは３年後の1952年には早くも加盟しています。

*** 日露戦争（1904〜05年）で日本がロシアに勝利したことは、オスマン帝国末期の青年トルコ革命、第一次世界大戦後にオスマン帝国を倒したムスタファ＝ケマルによるトルコ革命に大きな影響を与えました。

新興工業国のパターン

　貿易統計にも、そのようなトルコのポジションが反映されているように思えます。輸出品目の動向（次ページの表7-2）を見ると、中国などの新興工業国のパターンと重なっています。つまり、1998年には、上位にある衣類や繊維品が示すように、ヨーロッパ諸国に比べて安価な労働力を利用して、労働集約的（多くの人手を必要とする）な軽工業を中心に工業化を進めていましたが、2018年には資本・技術の充実が進んで、自動車や機械類などの重工業製品へのシフトが進んでいるのです。そして、この間に輸出総額は６倍以上にも拡大しています。

第1講 地図と交通
第2講 資源・エネルギー
第3講 産業・農林水産業
第4講 文化と生活
第5講 東アジア・東南アジア編
第6講 南アジア編
第7講 西アジア編
第7講 アフリカ編
第9講 ヨーロッパ編①
第10講 ヨーロッパ編②
第11講 ロシア・米国編
第12講 中南アメリカ編
第13講 オセアニア編
第14講 日本編

表7-2　トルコの輸出貿易

1998年	百万ドル		2018年	百万ドル	
1位/衣類	7,058	26.3%	1位/自動車	25,985	15.5%
2位/繊維品	3,552	13.2%	2位/機械類	24,477	14.6%
3位/機械類	2,943	10.9%	3位/衣類	15,645	9.3%
4位/鉄鋼	1,855	6.9%	4位/鉄鋼	13,207	7.9%
5位/果実	1,639	6.1%	5位/繊維品	11,874	7.1%
総計	26,882	100.0%	総計	168,023	100.0%

『世界国勢図会』第12版・第31版により作成。

　実際、トルコはＢＲＩＣｓに次ぐ新興工業国群であるＶＩＳＴＡ*にも選ばれているほどです。ちなみに1998年の５位に見える果実としては、いちじく・ざくろ・あんずなどのドライフルーツがよく知られています。私は乾燥いちじくをよく買いますが、お菓子のように強い甘みとほど良い酸味があって、洋酒のつまみにもぴったりです。

---

*日本人エコノミストによる造語。Ｖ＝ベトナム、Ｉ＝インドネシア、Ｓ＝南アフリカ共和国、Ｔ＝トルコ、Ａ＝アルゼンチン。

 人口ボーナス

　とくにトルコの自動車産業は注目すべき成長を示しており、2019年の自動車生産台数はヨーロッパ第４位のチェコを上回る水準に達しています。トルコの自動車産業は、おもに進出した海外メーカーと国内企業の合弁の形をとっていますが、進出が本格化した1970年代にはトルコ国内市場向けの生産でした。しかし、1996年にトルコがＥＵとの関税同盟を締結して関税がゼロになると、低賃金で勤勉な労働者の存在や、距離的に近いという優位性もあって、トルコはヨーロッパ向け自動車の生産・輸出拠点となったのです。

　とくに労働力については、図7-2からわかるように、出生率は高い水準

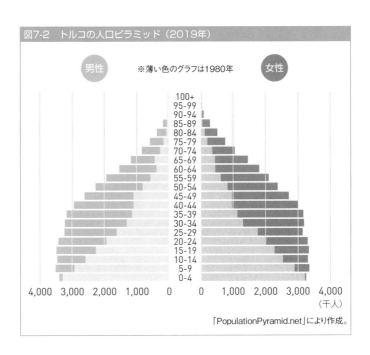

図7-2 トルコの人口ピラミッド（2019年）

男性　　※薄い色のグラフは1980年　　女性

100+
95-99
90-94
85-89
80-84
75-79
70-74
65-69
60-64
55-59
50-54
45-49
40-44
35-39
30-34
25-29
20-24
15-19
10-14
5-9
0-4

4,000 3,000 2,000 1,000　0　　0 1,000 2,000 3,000 4,000
（千人）

「PopulationPyramid.net」により作成。

表7-3　トルコと日本の人口構成

	トルコ		日本	
	（1980年）	（2019年）	（1980年）	（2019年）
生産年齢人口	24,468,407	55,883,626	79,528,018	75,386,113
従属人口	19,507,565	27,545,981	38,288,924	51,474,186
生産年齢人口の割合	**55.6%**	**67.0%**	**67.5%**	**59.4%**

1980年のトルコは年少人口が、2019年の日本は老年人口が多い。

を維持していますが、乳幼児死亡率は低下しており若年層が分厚くなっています。一方で、まだ高齢化はほとんど進んでいません。このような人口動態を多産少死型といいます。

15〜64歳の「働く世代」を生産年齢人口といい、15歳未満の年少人口と65歳以上の老年人口の合計、つまり「養われている世代」を従属人口とい

第1講 地図と交通
第2講 資源・エネルギー
第3講 産業・農林水産業
第4講 文化と生活
第5講 東アジア・東南アジア編
第6講 南アジア編
第7講 西アジア編
第7講 アフリカ編
第9講 ヨーロッパ編①
第10講 ヨーロッパ編②
第11講 ロシア・米国編
第12講 中南アメリカ編
第13講 オセアニア編
第14講 日本編

いますが、トルコでは、従属人口に対する生産年齢人口の割合がきわめて大きくなる「人口ボーナス」期にあるため、ある意味、経済成長は約束されているわけです。

これに対し、日本では少子化で年少人口は減っているものの、これを上回る勢いで老年人口が増えているので、生産年齢人口の割合が低下しています。これを「人口オーナス（onus＝重荷・負担）」といい、国内的には経済の縮小が不可避となります。これは私たちが年々痛感していることですね。

🌐 イスラームへの回帰

ただし、近年のトルコでは、経済成長に伴う貧富の差の拡大や、ＥＵ加盟問題などを背景に、イスラーム原理主義の影響が強まっており、建国当時の近代化・世俗主義に対する保守層の不満が表面化しています。トルコは以前からＥＵ加盟を希望してきましたが、キプロス紛争（ギリシャ系住民とトルコ系住民の対立）におけるＥＵ加盟国ギリシャとの対立、イスラームへの懸念（現在のＥＵ加盟国はすべてキリスト教徒が多数派）、人権問題（トルコ国内におけるクルド人弾圧など）などを理由に見送られてきました。これに対する反発から、トルコ国内ではＥＵ加盟に反対する声も強まっています。

2003年から首相を、2014年からは大統領を務めるエルドアンは、外交面では国際協調路線を示し、国内的にも融和的・民主的な面を見せていますが、一方で、イスラームへの復帰を求める保守的な立場から、世俗主義の修正を進めています。たとえば、アルコールの規制を強めたり、女性の公の場でのス

アヤソフィア（©Arild Vågen）

カーフ着用* を段階的に解禁したりしているのです。

　このような**イスラーム回帰**を象徴する政策が、2020年7月に示されました。イスタンブールにある世界文化遺産「アヤソフィア（ハギア＝ソフィア）」を**モスク**（イスラーム寺院）として使用する、という方針です。アヤソフィアは、もともと東ローマ帝国時代に創建されたキリスト教の大聖堂です。オスマン帝国による征服後はモスクに転用されていたのですが、政教分離を目指したムスタファ＝ケマルが建物の用途を博物館に変更していたのです。そのため、ヨーロッパからの観光客にも人気のスポットでした。

　これをオスマン帝国時代に戻そうとするエルドアン大統領による今回の強引な変更に対しては、ローマ教皇が遺憾の意を示すなど、ヨーロッパを中心とするキリスト教世界からの反発が起きています。このような内向きの政策は、今後のトルコとヨーロッパ諸国との関係に少なからず負の影響を与えるのではないでしょうか。

---

　* トルコの政教分離政策はライクリッキと呼ばれます。ライクリッキはフランスの政教分離＝**ライシテ**に着想を得ており、それを語源としています（参考：「トルコの政教分離に関する憲法学的考察」小泉洋一〈『甲南法学』第48巻 2008.3 http://doi.org/10.14990/00000673〉）。

　フランスでは、カトリックによる政治支配からの脱却のために打ち立てられたライシテの原則を徹底するため、2004年に公立学校内での「宗教的標章」すなわちムスリム女性の象徴であるスカーフやヴェールの着用を禁止しています。トルコでもライクリッキに基づく大学等でのスカーフ着用禁止はイスラーム主義派による批判の的（まと）になってきましたが、彼らに支持されたエルドアン政権下でフランスとは逆の動きが強まっているのです。

アフリカ編

モノカルチャー経済からの脱却はできるか？

POINT

★ケニアでは茶などプランテーション農業に加え、切花の園芸農業も

★金・ダイヤに代わり白金・自動車が伸びる南アで、人種間格差が課題

★日本にたこを輸出するモロッコは、ヨーロッパとの結びつきが重要

 モノカルチャー経済

　さて、アフリカ諸国です。一部の例外を除いて目立った工業化の見られない地域です。かつてのプランテーション農業に代表されるような、特定の一次産品（農林水産物や天然資源など）の輸出に依存するモノカルチャー経済の構造が残っています。

　プランテーション農業とは、アフリカに限らず、ヨーロッパ諸国の植民地であった東南アジアやラテンアメリカなどの熱帯・亜熱帯地域において、ヨーロッパの資本と技術を導入し、現地の安価な労働力や奴隷労働力を利用して大農園＝プランテーションにおいて、輸出向け商品作物を企業的に栽培するものです。

　世界市場での需要が大きく、収益性の高い作物だけの単一耕作（モノカルチャー）をします。大航海時代には胡椒などの香辛料が珍重されました。現代では茶・コーヒー豆・カカオ豆などの嗜好品、さとうきび・綿花・天然ゴム・油やしなどの工業原料（工芸作物）と、おもに樹木作物が生産されます。ただし、第二次世界大戦後に植民地の多くは独立しました。国ごとに事情はさまざまですが、多くのプランテーションでは、かつてのヨーロッパ人の経営から、現地の企業や農民による経営、あるいは国営などに転換しています。

　またアフリカには、工業原料や燃料となる地下資源（や、その粗加工品）の輸出に依存する国もたくさんあります。しかも輸出額に占める割合

が非常に高い。ナイジェリアでは原油が82％、ボツワナではダイヤモンドが90％、ザンビアでは銅が75％（いずれも2018年）といった極端なモノカルチャー経済となっています。

このように、一国の経済が特定の品目だけに依存していると、生産量の増減や、世界市場における需給バランスの変化による価格変動などが国家経済を直撃します。そのため、きわめて不安定な経済構造を抱えることになります。モノカルチャー経済から脱却するためには産業の多角化が必要ですが、資本不足の発展途上国では、新産業への投資が遅れています。政治の民主化が遅れている場合、海外からの援助も一部の階層に私物化されて、必要な投資に回らないのです。

いくつかの国について、貿易統計の変化から産業構造の変容のようすを覗いてみましょう。

🌐 キリマンジャロといえば……

アフリカ東部のタンザニア。本土のタンガニーカと、インド洋の島嶼国ザンジバル*が1964年に統合された国です。独立を導いたニエレレ大統領によって行われた社会主義政策は放棄されており、1986年からは市場経済に転換しています（P.50参照）。

とはいえ、いまだ鉱物資源や農産物に依存する経済にとどまっています。有名なところでは、アフリカ最高峰キリマンジャロ山の麓で栽培されるコーヒー豆。山の名前がそのまま豆のブランドになっていますね。ちなみに、この山の名前の由来は、キリマ（山）＋ンジャロ（白く輝く）とされていますが（諸説あり）、赤道近くにもかかわらず山頂付近に白い山岳氷河を戴くようすを表しています。なお、最近では地球温暖化による氷河の減少が心配されています。

* 大航海時代のポルトガル、その後のオマーン帝国による支配の下でアラブ商人によるインド洋交易（象牙・香辛料・金などの他、奴隷貿易を含む）の拠点として発展。19世紀末にイギリスの保護国となり、1963年に独立しました。旧市街地ス

第1講 地図と交通
第2講 資源・エネルギー
第3講 産業・農林水産業
第4講 文化と生活
第5講 東アジア・東南アジア編
第6講 南アジア編
第7講 西アジア編
第8講 アフリカ編
第9講 ヨーロッパ編①
第10講 ヨーロッパ編②
第11講 ロシア・米国編
第12講 中南アメリカ編
第13講 オセアニア編
第14講 日本編

トーン＝タウン
が世界遺産とな
っています。住
民は、アラブ
系・インド系・ア
フリカ系に分か
れます。Queen
のボーカル、故
フレディ＝マー
キュリーの出生
地でもあります。

図8-1　タンザニア、ケニアと周辺諸国

南スーダン　　エチオピア

ウガンダ　　ケニア　　ソマリア
ヴィクトリア湖　　　　キリニャガ(ケニア山)▲
ルワンダ　　　　　◉ナイロビ
ブルンジ
コンゴ民主　キリマンジャロ山　　モンバサ●
共和国　　　ドドマ◉　　ザンジバル島
　　　　　　タンザニア　　ダルエスサラーム●
タンガニーカ湖
　　　　　　　　マラウイ湖
　　　　マラウイ
　　　　　モザン
ザンビア　　ビーク
　　　　　　　　　　マダガスカル

　2000年代に入っ
て南アフリカ共和国の鉱産企業が所有する鉱山の開発が進み、金の産出・
輸出が急増しました。元の貿易規模が小さいアフリカ諸国では、金やダイ
ヤモンドのような高価な資源が開発されると、すぐに統計の上位に顔を出
すようになります。カカオ豆で知られるかつての「黄金海岸」ガーナ、綿
花・牧畜のスーダン、サヘル（サハラ砂漠の南縁部）のオアシス農業国マ
リ、マリの隣国ブルキナファソなどでも、金が輸出品目の圧倒的な１位に
なっています。

　空飛ぶ薔薇

　タンザニアと同じスワヒリ語（アラビア語の影響を受けた商用語）を公
用語とし、赤道の通るヴィクトリア湖を挟んだ隣国がケニアです。かつて
イギリスの植民地支配を受けたケニアでは、紅茶を好むイギリス人の嗜好
に合わせて茶を栽培するプランテーションが発達しています。

　赤道上の国ですが、熱帯気候となっているのは港町モンバサ*を含む沿
岸部などに限られます。内陸の高原地帯**は標高の影響で温帯となってお

第1講 地図と交通
第2講 資源・エネルギー
第3講 産業・農林水産業
第4講 文化と生活
第5講 東アジア・東南アジア編
第6講 南アジア編
第7講 西アジア編
第8講 アフリカ編
第9講 ヨーロッパ編①
第10講 ヨーロッパ編②
第11講 ロシア・米国編
第12講 中南アメリカ編
第13講 オセアニア編
第14講 日本編

り、白人であるイギリス人入植者でも暮らしやすいことから「ホワイトハイランド」と呼ばれました。首都ナイロビはホワイトハイランドの中央に発達した都市です。発達といっても、アフリカ第2の規模を持つキベラスラムなど、貧困層が集住する多くのスラムが点在しています。

> * 首都ナイロビと第二都市モンバサとを結ぶ鉄道が、中国の援助によって2017年に建設されました。P.51でも見たように中国はアフリカ諸国との関係を強めていますが、大経済圏を目指す「一帯一路」構想に関わる東部での活動はとくに活発で、この鉄道は南スーダンやルワンダ、ブルンジなどへの延伸も計画されています。

> ** アフリカ東部を南北に貫くアフリカ大地溝帯（グレートリフトヴァレー）についてはP.46を参照してください。

　ケニアの輸出品目を16年前と比べると、茶の割合にほとんど変化はありませんが、2位に新しく「装飾用切花等」が入っています。

　これは、一般に「花卉(かき)類」と呼ばれる薔薇やカーネーションなど鑑賞用の草花です。このような、花卉類（他に生鮮野菜や果実など）を生産する園芸農業は、近郊農業と輸送園芸に大別されます。近郊農業は大市場となる都市の近郊で輸送条件を利用して営(いとな)まれます。つまり、新鮮な作物を安

表8-1　ケニアの輸出貿易

1997年	百万ドル		2013年	百万ドル	
1位/茶	413	20.0%	1位/茶	1,218	22.0%
2位/コーヒー豆	289	14.0%	2位/装飾用切花等	480	8.7%
3位/石油製品	182	8.8%	3位/野菜・果実	418	7.5%
4位/鉄鋼	89	4.3%	4位/衣類	283	5.1%
5位/果実	84	4.1%	5位/石油製品	211	3.8%
総計	2,062	100.0%	総計	5,537	100.0%

『世界国勢図会』第12版・第28版により作成。

い輸送費で消費者に提供できる利点を持つ形態です。

　一方、輸送園芸はトラックファーミングともいい、自動車などの輸送機関の発達を背景に、大都市の遠隔地（遠郊）で行うものです。気候条件を利用して輸送費のハンデをカバーします。たとえば、日本の九州（宮崎平野など）や四国（高知平野など）では、温暖な気候を利用して栽培した野菜類を、東京近郊では栽培の難しい端境期に出荷しています。

　航空輸送の発達は、輸送園芸における遠郊の概念を拡大しました。沖縄の農業というと、さとうきびやパイナップルなど、食品工業（製糖や製缶）の原料を想起しがちですが、近年は輸送園芸が盛んで、たとえば菊の花を電照栽培*して、東京などの市場に空輸しています。葬儀で大量に用いられる菊は、季節を問わず需要があります。温暖なため、ハウスなどの施設を使わない露地栽培が年中可能な沖縄は、その点で競争力を持つのです。

---

*夜間に電照を与えることで開花時期を調整する栽培方法です。

　ケニアで栽培された薔薇は、航空輸送のハブとなっているドバイ国際空港（P.29）を経由して、世界最大の花市場を持つオランダや、日本にまで輸出されています。赤道に近いため気温の年較差（月別平均気温の最高と最低の差）が小さく、標高2000m の高原上では1年中薔薇の栽培に適した「常春（とこはる）」の気候。だから通年の出荷が可能なのです。

　ケニア同様の「低緯度で標高の高い地域」、同じアフリカ大地溝帯の高原国エチオピア、南アメリカのアンデス山脈沿いに位置するコロンビアやエクアドル*からも、切花が盛んに輸出されています。

---

*エクアドルの国名はスペイン語で赤道を意味します。首都キトには赤道が通過しますが、標高2800m に位置し、月別平均気温は1年中14℃前後です。

 金から白金へ

　トルコのところで、ＶＩＳＴＡという言葉の説明をしました。ＢＲＩＣ

第1講
地図と交通

第2講
資源・
エネルギー

第3講
産業・
農林水産業

第4講
文化と生活

第5講
東アジア・
東南アジア編

第6講
南アジア編

第7講
西アジア編

第8講
アフリカ編

第9講
ヨーロッパ編①

第10講
ヨーロッパ編②

第11講
ロシア・
米国編

第12講
中南
アメリカ編

第13講
オセアニア編

第14講
日本編

sに準ずる新興国という括りですが、S＝南アフリカ共和国については、BRICsのsを大文字にして（BRICS）、そちらに入れる場合もあります。他の4国（ブラジル・ロシア・インド・中国）ほど人口・面積には恵まれませんが、20世紀後半に経済政策の大きな転換があった*こと（1991年にアパルトヘイト関連法を撤廃して人種隔離政策と決別して国際社会に復帰。1996年には貿易・金融の自由化）、地下資源が豊富であることなどは共通しています。

> * 中国の改革開放政策（1978年〜）、ブラジルおよびインドの経済自由化政策
> （1991年〜）、旧ソ連の解体とロシアの市場経済転換（1991年〜）。

輸出品目を見ても、やはり地下資源が目立ちます。両方の年次に現れているのは石炭。石炭層は、古生代に繁茂していたシダ植物の遺骸が、地下の高圧・高温によって炭化して形成されました。そのため、石炭層の多くは長年の侵食を受けた古期造山帯において露出し、大規模な露天掘り炭鉱となっています。南アフリカ共和国東部のドラケンスバーグ山脈は、アフリカ大陸では唯一の古期造山帯の山脈であるため、その周辺が石炭産地となっているのです。

表8-2　南アフリカ共和国の輸出貿易

1995年	百万ドル		2018年	百万ドル	
1位/金	6,214	22.7%	1位/自動車	10,896	11.6%
2位/鉄鋼	2,796	10.2%	2位/白金族	7,841	8.4%
3位/ダイヤモンド	2,316	8.5%	3位/機械類	7,639	8.2%
4位/石炭	1,607	5.9%	4位/鉄鋼	6,522	7.0%
5位/機械類	1,493	5.5%	5位/石炭	6,229	6.7%
総計	27,340	100.0%	総計	93,597	100.0%

『世界国勢図会』第10版・第31版により作成。

かつて世界一の生産量を誇った金については、目ぼしい鉱山を掘り尽くし、2007年に1位の座を中国に譲り渡しました。代わって増えているのが白金族。すな

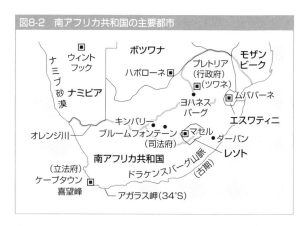

図8-2　南アフリカ共和国の主要都市

わち、白金（プラチナ）やロジウム、パラジウムなどの希少金属（レアメタル）です。プラチナというと、装飾用の貴金属のイメージが強いのですが、実際には自動車の排ガスを浄化する触媒装置への活用が中心です。環境保全への要求が高まっているこんにち、この分野での白金族の需要は拡大しており、その多くを南アフリカ共和国による供給が満たしてきました。しかし、今後、地球温暖化問題への対策として、化石燃料を使わず、排ガスも出さないＥＶ（電気自動車）が普及すれば、需要が急速に低下する可能性もあります。特定の品目に依存するモノカルチャー経済の脆弱さは、このようなところ（資源の枯渇や需要の低下）にも現れているわけです。

アパルトヘイトの後遺症

その点、ＢＲＩＣＳないしＶＩＳＴＡとしての南アフリカ共和国は、重工業の発達したアフリカ最大の工業国であり、おもに進出した外資による自動車・機械類・鉄鋼などの工業製品が輸出品目の上位に並び、一定程度の産業の多角化が見られます。そのため、人種隔離政策（アパルトヘイト）の撤廃以降は周辺国からの出稼ぎ労働者が急増していますが、その一方で最近の失業率は27〜30％の高率で推移しています。

アパルトヘイト撤廃により政治的には平等が達成されても、白人層と黒

人層の経済格差は解消されていません。とくにヨハネスバーグ（ヨハネスブルグ）やケープタウンなど、大都市部の黒人社会では、治安の悪化に加え、ＨＩＶ（いわゆるエイズウイルス）の蔓延も深刻な状況です。

黒人の雇用拡大を図るＢＥＥ（Black Economic Empowerment）政策が十分に効果を発揮していないのは、失業率の高さを見れば明らかです。単純労働者は、出稼ぎ労働者との間で就業チャンスの奪い合いとなっており、不満を高める住民による外国人襲撃事件も多発しています。

他の新興国にも共通する課題ですが、国内の格差を放置したままでは持続的な成長は難しく、今の経済発展もいずれ行き詰まることになるでしょう。

ヨーロッパに近いモロッコ

モロッコはアフリカ大陸の北西端に位置する旧フランス領。ただし、南部の西サハラや、地中海沿岸の港湾都市セウタ、メリリャはスペイン領でした。西サハラでは、ポリサリオ戦線が独立国家「サハラ＝アラブ民主共和国」の建設を目指して活動しており、モロッコとの対立が続いています*。一方、国内では2011年の「アラブの春」で民主化を求める動きが高

表8-3　モロッコの輸出貿易

1997年	百万ドル		2018年	百万ドル	
1位/衣類	724	15.5%	1位/機械類	5,365	18.3%
2位/魚介類	677	14.5%	2位/自動車	3,876	13.2%
3位/無機化合物	581	12.4%	3位/衣類	3,392	11.6%
4位/天然りん酸塩	435	9.3%	4位/化学肥料	3,170	10.8%
5位/化学肥料	352	7.5%	5位/野菜・果実	2,824	9.6%
総計	4,674	100.0%	総計	29,330	100.0%

『世界国勢図会』第12版・第31版により作成。

第1講 地図と交通
第2講 資源・エネルギー
第3講 産業・農林水産業
第4講 文化と生活
第5講 東アジア・東南アジア編
第6講 南アジア編
第7講 西アジア編
第8講 アフリカ編
第9講 ヨーロッパ編①
第10講 ヨーロッパ編②
第11講 ロシア・米国編
第12講 中南アメリカ編
第13講 オセアニア編
第14講 日本編

まりましたが、憲法改正を含む穏健
な改革が行われ、強固な君主制が維
持されています。

図8-3　モロッコとジブラルタル海峡

モロッコの輸出品目を見ると、労
働集約的な軽工業から、重化学工業
にシフトしていくトルコと同様の工
業化の流れが観察されます。ジブラ
ルタル海峡** を挟んでヨーロッパと
近接する地理的な位置は、安価な労
働力を利用した製造業の立地に適しています。

---

*1991年に停戦が発効していましたが、2020年11月に軍事衝突が発生し、ポリ
サリオ戦線側が停戦の終了を宣言しました。

** ジブラルタル海峡の北側（ヨーロッパ側）には、スペイン領に囲まれた英（イギ
リス）領ジブラルタルが存在します。南側（アフリカ側）はモロッコ領の中に残る
スペイン領セウタです。

たこと肥料

モロッコの特徴的な輸出品目としては、表8-3の1997年の「魚介類」に
含まれる「たこ」があります。南方のモーリタニアと並ぶ産地として、多
くのたこが日本に輸入されています。モロッコ沖では、大西洋を南下する
寒流のカナリア海流が貿易風で西に送られて、これを補うように深層から
湧き上ってくる湧昇流が発生するため、海底の有機塩類が巻き上げられ
てプランクトンの発生につながります。このメカニズムは、アンチョビー
（かたくちいわし）漁が盛んな南米ペルー沖と共通しています。今もたこ
の輸出は盛んですが、工業製品の輸出増大によって総額が6倍に伸びる中
で、統計の上位からは姿を消しています。

もう1つ気になるのが、「天然りん酸塩」と「化学肥料」。りん酸（燐
酸）は、窒素やカリウムと並び植物の生育に欠かせない三大肥料の1つで

すが、モロッコに豊富なりん鉱石を採掘し、これを原料に化学肥料が生産・輸出されているのです。水中のりんは海中に棲む脊椎動物や湧昇流の作用によってリン酸カルシウムに変えられ、海底に堆積しりん鉱石を形成します。これが海底の隆起によって陸上にもたらされたのです。

　太平洋の島国ナウルのように、さんご礁の島に海鳥の糞が堆積してリン鉱石となるパターンもありますが、これはグアノと呼ばれます。かつてグアノのりん鉱石輸出に依存したナウルでは、その枯渇によって経済が破綻してしまいました。現在のナウルには、オーストラリアに向かった難民の収容所が置かれていて、オーストラリアからの援助を受けて食いつないでいる状態です。

　モロッコのりん鉱石は埋蔵量が豊富で、すぐに枯渇することはなさそうですが、仮に枯渇しそうになったとしても、工業・観光業など経済の多角化によってナウルのようには破綻しないでしょう。

ヨーロッパ編①

イギリスのＥＵ離脱の真の理由とは？

POINT

★イギリス病の特効薬だった北海の原油は枯渇と老朽化で輸出量が減少
★ドイツ・フランスで奪い合った資源産地指向型の鉄鋼業は共に衰退
★南北の格差が大きいイタリアでは「第3のイタリア」が注目された

 成熟した先進国の統計は……

経済の成熟した先進地域であるヨーロッパ諸国の場合、貿易品目を20年ほど前と比べてもさほどの変わり映えはありません。ここでは、さらに10年ほど遡って、1980年代中頃の統計を引っ張り出してみましたが、それでもアジア・アフリカなどの新興国のようなドラスティックな変化は見られません。また、先進工業国ですから、主要輸出品は機械類や自動車などの工業製品に限られ、国同士の比較でも大差はなく……。

とはいえ、世界の主要国が集まっているヨーロッパを飛ばすわけにはいきません。統計の微妙な変化を読み取って、国ごとの特徴や動向を説明していきます。

 ＥＵ離脱とイギリス貿易

2020年2月に「Brexit」、ＥＵ（ヨーロッパ連合）を正式離脱したイギリスから始めましょう。同年末にはイギリスとＥＵの間でＦＴＡ（自由貿易協定）の締結についてもようやく合意し*、新しい関係がスタートしました。

ＥＵ離脱の要因はさまざま考えられます。そもそもイギリスは、ドイツ・フランスなどの大陸諸国に主導権を握られるのを嫌って、別の経済統合であるＥＦＴＡ（欧州自由貿易連合）を結成していた国です。1973年にＥＦＴＡを離れてＥＵ（当時はＥＣ＝欧州共同体）に「寝返った」のは、

第1講
地図と交通

第2講
資源・
エネルギー

第3講
産業・
農林水産業

第4講
文化と生活

第5講
東アジア・
東南アジア編

第6講
南アジア編

第7講
西アジア編

第8講
アフリカ編

第9講
ヨーロッパ編①

第10講
ヨーロッパ編②

第11講
ロシア・
米国編

第12講
中南
アメリカ編

第13講
オセアニア編

第14講
日本編

「イギリス病」と呼ばれる経済の行き詰まりに苦しんでいたイギリスにとって、成長するEC市場が魅力的だったから。一方で、統一通貨ユーロには不参加**、国境管理を撤廃するシェンゲン協定にも不参加で、自由貿易の「美味しいところのつまみ食い」のような参加形態でした。

そんなイギリスにとって、EUの東方拡大によって、東欧からの移民労働者が大量に流入する事態や、ムスリム（イスラームの信者）の増加による文化摩擦などをきっかけに、経済的主権だけでなく政治的な主権まで侵害されることに我慢ならなかったのかもしれません。同じアングロ＝サクソン民族が支配的な地位にあるアメリカ合衆国でも高まっている「自国第一主義」が、ヨーロッパ各国で燃え上がる排他的なポピュリズムと結びついた、といえるでしょう。

---

*北アイルランド紛争（イギリス領の北アイルランドにおいて、イギリスとの一体性を主張するアングロ＝サクソン系のプロテスタントと、イギリスの支配を脱してアイルランドとの統一を求めるケルト系のカトリックとの対立）が激しかった時代、イギリス政府は北アイルランドとアイルランドの国境を厳格に管理していました。紛争が終結すると、この国境では自由な往来が実現し、和平の象徴となっていたのです。このため、BrexitによってEU加盟国であるアイルランドとの国境の管理が復活することによる紛争の再燃が懸念されましたが、北アイルランドは事実上EU単一市場と関税同盟にとどまることになり、厳しい国境管理は回避されました。

** 他に、スウェーデンやデンマークもユーロ不参加国です。

次ページの表9-1を見ると、輸出額の総計が大きく増えていますが、この間に経済のグローバル化が進んでおり、貿易総額は世界全体では約10倍、ヨーロッパでも7倍程度になっているので、イギリスがとくに大きく伸びたわけではありません。むしろ、イギリスの輸出額ランキングは世界第5位から10位に下がっています。イギリスはこの間に移民の受け入れなどで人口が1985年当時の約5600万人から1000万人以上増加しています。国

表9-1　イギリスの輸出貿易

1984年	百万ドル		2018年	百万ドル	
1位/機械類	20,696	21.9%	1位/機械類	102,942	21.0%
2位/原油	16,320	17.3%	2位/自動車	53,151	10.8%
3位/自動車	4,362	4.6%	3位/金(非貨幣用)	32,296	6.6%
4位/石油製品	3,592	3.8%	4位/医薬品	31,276	6.4%
5位/有機薬品	3,193	3.4%	5位/原油	27,633	5.6%
総計	94,372	100.0%	総計	490,840	100.0%

『世界国勢図会』第2版・第31版により作成。

内市場が拡大しており、産業の貿易依存度はヨーロッパの中でもあまり高くないのです。

　品目で目につくのは原油の割合が下がっていることと、自動車の割合が上がっていること。今世紀に入って新興国の需要増大で原油価格自体が高騰しているので、原油の輸出額は増えていますが、輸出量は減っています。イギリスは、1970年代に北海の海底油田を開発して原油輸出国になりましたが、近年は施設の老朽化などによって生産が衰退しているのです。以前話題になったイギリス北部のスコットランドの独立運動において、独立推進派は「独立すれば、北海油田の収入でスコットランドは潤う」と主張していましたが、現実はそう甘くないようです。

　自動車については、鉄鋼都市として知られるバーミンガムの南にあるコヴェントリを中心に、かつて英国車といえば世界有数の品質を誇っていました。しかし、ロールスロイス、ジャガー、MG、ミニなどの英国車ブランドは、ほとんどがドイツ、中国、インドなどの外国企業に買収されています。ただし、イギリスに進出した外国企業による完成車の製造は続いていますし、エンジンなどの主要部品の製造、電気自動車などの新技術の分野では競争力が高く、自動車産業自体は成長しています。

　今後はEU離脱の影響が気になりますが、なんとかFTAも結べたので

第1講 地図と交通
第2講 資源・エネルギー
第3講 産業・農林水産業
第4講 文化と生活
第5講 東アジア・東南アジア編
第6講 南アジア編
第7講 西アジア編
第8講 アフリカ編
第9講 ヨーロッパ編①
第10講 ヨーロッパ編②
第11講 ロシア・米国編
第12講 中南アメリカ編
第13講 オセアニア編
第14講 日本編

貿易については大きな変動は生じないかもしれません。

石炭から離れる工業都市

イギリス以上に変化の乏しいドイツの輸出品目から１つ取り上げるとすると、何でしょうか。メルセデス＝ベンツ（ダイムラー社）、ＢＭＷ、フォルクスワーゲン、アウディ、ポルシェなど世界的なメーカーが並ぶドイツ車の輸出が多いのは常識レベルですね。それぞれの

図9-1　ドイツの主要自動車メーカー

シュトゥットガルトは、ポルシェの本社所在地でもある。同市内にはメルセデス＝ベンツ博物館とポルシェ博物館の両方が存在する。

「企業城下町」となっている都市との結びつきも有名だったりします。

しかし、ここでは「鉄鋼」に注目しましょう。2018年の鉄鋼輸出額の割合は２％まで低下しており、表の外に追いやられています。

ドイツの鉄鋼業といえば、ＥＵ最大のルール工業地域です。ルール炭田の石炭資源とライン川の水運を結合させた、という立地条件を習った記憶

表9-2　ドイツの輸出貿易（1985年は西ドイツ）

1985年	百万ドル		2018年	百万ドル	
1位/機械類	50,680	27.6%	1位/機械類	440,451	28.2%
2位/自動車	29,290	15.9%	2位/自動車	257,552	16.5%
3位/鉄鋼	9,418	5.1%	3位/医薬品	98,358	6.3%
4位/有機薬品	6,510	3.5%	4位/精密機械	67,161	4.3%
5位/繊維品	6,107	3.3%	5位/金属製品	49,615	3.2%
総計	183,833	100.0%	総計	1,562,419	100.0%

『世界国勢図会』第2版・第31版により作成。

のある方も多いでしょう。この工業地域の代表的な製鉄都市といえば、ライン川の支流ルール川沿いのエッセンとドルトムント、そのルール川がライン川に合流する地点のデュースブルク。

　ルール川の流域にはルール炭田があり、エッセンやドルトムントは原料指向型の立地です。19世紀初頭には、1トンの銑鉄を作るのに、2〜3トンの鉄鉱石と10トンもの石炭が必要でした*。この場合の石炭のような原料を重量減損原料と呼びます。重い原料を、消費地である都市まで運んで加工するよりも、石炭産地の近くに製鉄所を造って、鉄にしてから市場に運ぶほうが輸送費は安上がりになるのです。

> *石炭を蒸し焼きにしたコークスと鉄鉱石（それに石灰石）を高炉に投入し、熱することで鉄鉱石中の酸化鉄を還元し酸素を取り除いたのが銑鉄、さらに銑鉄から脆さの原因になる硫黄分を除去する精錬を行ったのが鋼です。

　しかし、鉄鋼技術の進歩で、20世紀初頭には、1トンの鉄を作るための石炭重量は4トンに減りました。さらに、現代では鉄鉱石1.5トン、石炭1トン未満にまで使用量が減り、鉄鋼業の立地を原料産地にこだわる必要はなくなります。

　しかもルール炭田は資源の枯渇や施設の老朽化が進み、輸入資源への依存が強まります。すると、鉄鋼業は炭田周辺から姿を消し、ライン川の河港都市デュースブルク周辺だけに残ります。交通指向型、海に直接つながる国際河川なので、一種の「臨海指向型」の立地です。

　そもそも、ドイツのような先進国では、産業の中心が鉄鋼のような基礎素材型から、高度な加工組立型・知識集約型へとシフトしており、鉄鋼業自体が衰退しているのです。今、世界最大の鉄鋼生産国は中国です。世界全体の半分以上の銑鉄を中国で作っています。

　炭田に近いエッセンやドルトムントは、ハイテク産業や環境関連産業など新しい分野に転換しています。さらに、古い炭鉱施設などを産業遺産として生かした観光業にも力を入れているそうです。

第1講 地図と交通
第2講 資源・エネルギー
第3講 産業・農林水産業
第4講 文化と生活
第5講 東アジア・東南アジア編
第6講 南アジア編
第7講 西アジア編
第8講 アフリカ編
第9講 ヨーロッパ編①
第10講 ヨーロッパ編②
第11講 ロシア・米国編
第12講 中南アメリカ編
第13講 オセアニア編
第14講 日本編

最後の授業と国際分業

次はフランスです。

フランスでも、1985年の３位にあった「鉄鋼」が2018年では消えています。この要因はドイツと同様です。内陸のロレーヌ地方の鉄鉱資源が枯渇して、メス・ナンシーなどの鉄鋼業が衰退し、輸入資源の利用に有利な北部のダンケルクや、南部のフォス湾などの臨海工業地域に立地が移動しました。

ロレーヌ地方や、その東のアルザス地方といえば、一体的なアルザス＝ロレーヌとしてドイツとの国境地帯であり、長らく両国による領土争いが繰り返されたところです。アルザスは、昔の国語教科書の定番だったドーデの小説『最後の授業』の舞台ですね。フランスは普仏戦争に負けて、アルザスをプロイセン（ドイツ）に奪われました。主人公の村にもドイツ人教師が送り込まれることになって、フランス人のアメル先生による国語の授業は今日が最後。先生は黒板にフランス語で「Vive La France!」（フランス万歳）と書いて授業を終える……という「国語の大切さ」を感動的に伝える物語です。

でも、もともとアルザスはドイツ語の方言であるアルザス語が話されて

表9-3　フランスの輸出貿易

1985年	百万ドル		2018年	百万ドル	
1位/機械類	18,988	19.4%	1位/機械類	113,661	20.0%
2位/自動車	9,619	9.8%	2位/自動車	54,647	9.6%
3位/鉄鋼	5,534	5.7%	3位/航空機	51,999	9.1%
4位/有機薬品	3,254	3.3%	4位/医薬品	34,632	6.1%
5位/繊維品	3,128	3.2%	5位/精密機械	15,470	2.7%
総計	97,664	100.0%	総計	568,536	100.0%

『世界国勢図会』第2版・第31版により作成。

いた地域だったのに、18世紀にフランスに編入されていたのです。つまり、アメル先生はドイツ系の住民にフランス語を押しつける側の人なのです。『最後の授業』はフランス人作家ドーデの政治的意図丸出しの小説だった、というオチです。

　それはともかく、ＥＵの基礎となったＥＣＳＣ（欧州石炭鉄鋼共同体）の設立は、独仏が奪い合った石炭産業や鉄鋼業をこれからは共同で管理して仲良くやろうぜ、という試みでした。そして、ＥＵ議会がアルザス地方の中心都市であるストラスブールに置かれているのは、そのような独仏の「不戦の誓い」を具現化したものといえるのです。

　鉄鋼に代わって、2018年の３位に「航空機」が入っていますね。実はこれもＥＵと関係があります。フランス南部のトゥールーズには、フランス・西ドイツ（当時）・イギリス・スペインのＥＵ４カ国の共同出資による航空機メーカーであるエアバス社の製造拠点があります（イギリスはＥＵを脱退しましたが……）。これらの国々で作られた胴体・主翼・尾翼といった部品をトゥールーズで組み立てる国際分業体制です。エアバス社は、当時の大型航空機市場を独占していたアメリカ合衆国に対抗するために1970年に設立され、今では、米ボーイング社とエアバス社でこの市場を二分しています。

第３のイタリア

　ＥＵ（当初のＥＣＳＣ）の原加盟国は６カ国。オランダ・ベルギー・ルクセンブルクのベネルクス３国は小国で、それ以外の主要３カ国がドイツとフランスとイタリアでした。というわけで、次にイタリアの統計を見ておきましょう。

　「衣類」や「はきもの」は、アジアの新興国でも出てきました。安価な人件費を背景とした労働集約的な軽工業。しかし、イタリアの場合はちょっと違います。これは、最新の流行を取り入れた高級ファッションとしてのアパレルや皮革産業です。フランスもそうですが、高級ブランドが多く存

第1講 地図と交通
第2講 資源・エネルギー
第3講 産業・農林水産業
第4講 文化と生活
第5講 東アジア・東南アジア編
第6講 南アジア編
第7講 西アジア編
第8講 アフリカ編
第9講 ヨーロッパ編①
第10講 ヨーロッパ編②
第11講 ロシア・米国編
第12講 中南アメリカ編
第13講 オセアニア編
第14講 日本編

表9-4　イタリアの輸出貿易

1985年	百万ドル		2018年	百万ドル	
1位/機械類	18,634	23.6%	1位/機械類	141,816	25.8%
2位/衣類	5,320	6.7%	2位/自動車	43,463	7.9%
3位/繊維品	4,741	6.0%	3位/医薬品	29,434	5.4%
4位/自動車	4,408	5.6%	4位/衣類	25,721	4.7%
5位/はきもの	3,947	5.0%	5位/鉄鋼	22,113	4.0%
総計	78,957	100.0%	総計	549,907	100.0%

『世界国勢図会』第2版・第31版により作成。

在し、付加価値の高い生産をしています。

　イタリアでは、ブーツのような細長い国土の中で、南北の経済格差が課題となっています。北部はヨーロッパ中心部に近く、「ブルーバナナ」と呼ばれるヨーロッパの産業集積地域にも含まれる重工業地域です。トリノ・ミラノ・ジェノヴァなどの工業都市が発達しています。一方、南部は遅れた農業地域であり、政府の開発政策によってタラント製鉄所や北部と結ぶ道路（アウトストラーダ＝デル＝ソーレ「太陽道路」）が建設されましたが、工業化は進みません。

　このような中で、北部でも南部でもないヴェネツィアやフィレンツェなどの都市では、中世から受け継がれた伝統的技術をベースに、職人的な技能労働者が集積しており、ものづくりを尊重する風潮が存在します。それらを背景に、アパレル・皮革・陶器・宝飾・家具などに特化した零細・中小企業が、連携してネットワークを形成し、市場動向に対応した多品種少量生産を実現しています。このような地域を「第3のイタリア（サードイタリー）」といいます。1985年に比べて輸出額割合は低下しているものの、2018年の輸出品目に「衣類」が残っているのは、このような動きがあるからです。

ヨーロッパにはまだまだたくさんの国があります。次講もヨーロッパについて続けます。

図9-2　イタリアの3つの地域

トリノ
ミラノ
ジェノヴァ
ヴェネツィア
「第3のイタリア」
北部の
先進地域
ボローニャ
フィレンツェ
ローマ
タラント
ナポリ
南部の
遅れた地域

ヨーロッパ編②

拡がるＥＵ圏内の東西対立

第1講 地図と交通

第2講 資源・エネルギー

第3講 産業・農林水産業

第4講 文化と生活

第5講 東アジア・東南アジア編

第6講 南アジア編

第7講 西アジア編

第8講 アフリカ編

第9講 ヨーロッパ編①

第10講 ヨーロッパ編②

第11講 ロシア・米国編

第12講 中南アメリカ編

第13講 オセアニア編

第14講 日本編

POINT

★ベルギーでは、産業・貿易構造の転換が複雑な言語状況を逆転させた

★経済規模の小さい北欧諸国は、特色のある独自の産業政策で生き残る

★ポーランドは、移民の送り出し国で、受け入れ国で、難民の拒否国

 言語戦争と貿易

　前講に次いで、ヨーロッパの国をできるだけ多く見ていきます。最初はベネルクス３国のうち、ベルギーです。

　1985年に出てくるダイヤモンドについては、P.137で説明したので、そちらをご参照ください（工業用の人造ダイヤモンドも一部含まれます）。ここではドイツやフランスと同様に「鉄鋼」の割合低下に注目します。ベルギーでは、これが国内の民族問題と関係している点がポイントです。

　ベルギーには、ヨーロッパ南部のラテン系言語圏と、北西部のゲルマン系言語圏の境界線が国土の中央を通ります。国土南部のワロニア地方に住

表10-1　ベルギーの輸出貿易

1985年	百万ドル		2018年	百万ドル	
1位/自動車	6,345	11.8%	1位/自動車	50,719	10.8%
2位/機械類	5,747	10.7%	2位/医薬品	50,579	10.8%
3位/鉄鋼	4,497	8.4%	3位/機械類	48,899	10.4%
4位/石油製品	3,200	6.0%	4位/有機化合物	35,526	7.6%
5位/ダイヤモンド	3,186	5.9%	5位/石油製品	34,770	7.4%
総計	53,612	100.0%	総計	468,643	100.0%

『世界国勢図会』第2版・第31版により作成。

むワロン人はラテ
ン系のフランス語
を話し、北部フラ
ンドル地方*のフ
ラマン人はゲルマ
ン系のオランダ語
（フラマン語）を
話すのです。首都
ブリュッセルは両
言語の併用地域と
され、さらに東部

図10-1　ベルギーの言語圏

北海　　オランダ　　ドイツ

ブリュッセル
両言語併用

フランドル地方
オランダ語

ベルギー

ワロニア地方
フランス語

ドイツ語地域

フランス

ルクセンブルク

には、わずかですがドイツ語地域も存在します。

---

*「フランドル」はフランス語由来です。オランダ語では「フランデレン」。英語で
は「フランダース」、あのネロとパトラッシュの物語『フランダースの犬』の舞台
でもあります。

そして、ワロン人とフラマン人の「言語戦争」とさえ呼ばれる対立を背
景に、複雑な政治体制を採用しています。3つの地域政府（ブリュッセル
首都圏・ワロニア地方・フランドル地方）、3つの言語共同体（フラマン
語共同体・ワロン語共同体・ドイツ語共同体）という2層構造を持つ連邦
制です（ただし、ベルギーの正式名称は「ベルギー王国」。隣国のオラン
ダ王国とともに立憲君主国であり、国家元首は国王です）。

　かつては南のワロニア地方が優勢でした。人口規模ではフラマン人が6
割、ワロン人が3割程度ですが、ワロニア地方には炭田があり鉄鋼業が立
地して、経済力が高かったのです。一方、フランドル地方は伝統的な毛織
物*などの繊維産業中心の地域でした。ところが、独仏などと同様に石炭
産業は斜陽化し、産業構造の転換で鉄鋼業の地位は低下します。失業者が
あふれる内陸の南部に対し、臨海部を持つ北部ではアントウェルペン（ア

ントワープ）を中心に輸入資源を利用した石油化学工業などが発達し、Ｅ
Ｕの共同市場を背景に大きく経済成長しました。過去にワロン人に押さえ
つけられていたフラマン人が優位に立ったのです。

　小国ベルギーにとっては、ＥＵにおける経済統合の意義は大きく、貿易
依存度はなんと８割。貿易品目の変容の持つ意味は私たちが考える以上に
大きいのです。鉄鋼の輸出割合低下から、２つの言語地域の立場の逆転が
見えてきませんか。

　　＊イギリス産の羊毛を輸入して加工していました。14〜15世紀の百年戦争以降
　　は、フランドル地方の生産技術がイギリスのヨークシャー地方に伝わり、そこでも
　　毛織物工業が発達しました（P.204も参照のこと）。

 腕時計と薬の競争力

　ベルギーと同じようにゲルマンとラテンの境界線上に位置する国がスイ
スです。スイスには４つの公用語がありますが、北部〜中央に分布し人口
の６割以上を占めるドイツ語がゲルマン系、西部のフランス語、南部のイ
タリア語、東部のロマンシュ語（レトロマン語、古代ローマ帝国の民衆の
言語）がラテン系です。

　ただし、ベルギーのような激しい対立はありません。20の州と６つの準
州による連邦共和制を
とっており、州や市町
村に高度な自治権が与
えられています。小党
分立で長く不安定な状
況にあるベルギーに比
べると、スイスの政治
はきわめて安定してい
るようです。

図10-2　スイスの言語圏

第1講　地図と交通
第2講　資源・エネルギー
第3講　産業・農林水産業
第4講　文化と生活
第5講　東アジア・東南アジア編
第6講　南アジア編
第7講　西アジア編
第8講　アフリカ編
第9講　ヨーロッパ編①
第10講　ヨーロッパ編②
第11講　ロシア・米国編
第12講　中南アメリカ編
第13講　オセアニア編
第14講　日本編

では、貿易統計はどうでしょう。ベルギー同様の小国ですが、大きな違いがあります。スイスは「永世中立」の建前から、政治的統合も含むEUには加盟していないのです。そのため、経済面では独自に付加価値の高い産業を育成することで、高い国際競争力を維持しています。そして、工業製品はEU諸国だけでなく、広くアメリカ合衆国や日本・中国などに輸出されています。

表10-2　スイスの輸出貿易

1985年	百万ドル		2018年	百万ドル	
1位/機械類	8,132	29.6%	1位/医薬品	79,281	25.5%
2位/精密機械	3,254	11.9%	2位/金(非貨幣用)	64,090	20.6%
3位/有機薬品	1,798	6.6%	3位/機械類	38,041	12.3%
4位/医薬品	1,604	5.8%	4位/精密機械	31,876	10.3%
5位/繊維品	1,452	5.3%	5位/有機化合物	21,657	7.0%
総計	27,447	100.0%	総計	310,524	100.0%

『世界国勢図会』第2版・第31版により作成。

　この表には現れませんが、金融・保険業（チューリッヒ保険会社が有名）や観光業といった第3次産業がとくに発達しており、1人当たりGNI（国民総所得）は約8万3000ドル（2018年）。日本の約2倍、先進国の中でもトップクラスの経済水準です。

　製造業では、伝統的な精密機械工業の主力製品として、高級腕時計がよく知られます。山岳国の塵の少ない清浄な空気とアルプスの雪解け水は、時計産業に適しているとされます。それ以上に重要なのが、技術を継承する職人の集積や、長年培ってきたブランドイメージです。そして2018年の輸出品目第1位の医薬品。インフルエンザ治療薬タミフルで知られる世界一の製薬会社ロシュ、第3位のノバルティスなどの巨大企業が、本拠地をスイスに置いています。ヨーロッパなどの先進地域では高齢化によって医療費は増大しており、医薬品の需要は高まっているのです。前講のイギ

第1講 地図と交通
第2講 資源・エネルギー
第3講 産業・農林水産業
第4講 文化と生活
第5講 東アジア・東南アジア編
第6講 南アジア編
第7講 西アジア編
第8講 アフリカ編
第9講 ヨーロッパ編①
第10講 ヨーロッパ編②
第11講 ロシア・米国編
第12講 中南アメリカ編
第13講 オセアニア編
第14講 日本編

リス・ドイツ・フランスなどや、先ほどのベルギーでも医薬品が輸出品目の上位に入ってきています。

　スイスのメーカーは、研究開発（R＆D）部門に多額の投資を行って、これらの国々との国際競争で優位に立っているのです。ただし、新型コロナワクチンの開発では米国企業（ファイザー、モデルナなど）に後れをとりました。日本もそうですが、政府の支援が不十分だったようです。

ノルウェーがEUに縛られたくないわけ

　スイスとともにEU非加盟を貫き、同じ北欧のアイスランドなどとともにEFTA（欧州自由貿易連合）を構成している国、ノルウェーの輸出品はどうなっているでしょうか。スカンディナビア半島の西岸に位置し、北海に面したフィヨルド（氷河に削られた谷が沈んだ入り江）の国です。

　表10-3でわかるように、先進国としては例外的に一次産品の輸出に依存しています。1つは、北海油田・ガス田の豊富な海底資源。パイプラインでイギリスなどに輸出されています。もう1つは水産業。フィヨルドの湾奥には良い漁港が発達しており、伝統的なにしん・たら漁やさば漁が行われます。また深い入り江はサーモンの養殖に適しており、日本にも「オーロラサーモン」などのブランドで輸出されています。

表10-3　ノルウェーの輸出貿易

1984年	百万ドル		2018年	百万ドル	
1位/原油	6,145	32.5%	1位/原油	32,965	26.9%
2位/石油ガス	3,247	17.2%	2位/天然ガス	31,134	25.4%
3位/機械類	1,103	5.8%	3位/魚介類	11,728	9.6%
4位/アルミニウム	1,088	5.8%	4位/機械類	7,203	5.9%
5位/船舶	809	4.3%	5位/石油製品	6,987	5.7%
総計	18,920	100.0%	総計	122,636	100.0%

『世界国勢図会』第2版・第31版により作成。

177

２度の国民投票でも否決するほどにノルウェー国民がＥＵ加盟に消極的な理由の１つは、漁業に対するＥＵの厳しい規制から独立した漁業政策を求めているからです。まあ、１人当たりＧＮＩがスイスを上回る約8万5000ドルという経済水準の高さを誇り、東欧や南欧の国々に足を引っ張られたくない、ということが大きいのでしょう。

 ムーミンとＩＣＴ産業

　ノルウェーと同じ北欧のフィンランドです。周囲のインド＝ヨーロッパ語族の民族とは異なるウラル語族*の民族スオミ**の国です。

　ただし、国土の北部には、周辺国にも及ぶ少数民族サーミの居住地域（ラップランド）が広がります。スオミと同じウラル語族のサーミ語を話しますが、「ラップ」という蔑称で呼ばれ、差別を受けてきました。映画『サーミの血』には、彼らの権利回復以前の社会の機微が描かれています。

　また、人口の５％ほどはスウェーデン語を話す、スウェーデン系フィンランド人です。2018年のセンター試験地理Ｂでは、フィンランドに関連した問題にムーミンが登場して物議を醸しました。その詳細は省きますが、実は作者のヤンソンはスウェーデン系のフィンランド人であり、作品はスウェーデン語で書かれていたのです。ヨーロッパの民族は実に複雑ですね。いや、世界中どこでもこの複雑さが当たり前であって、「単一民族国家」など幻想にすぎないわけです。日本だって例外ではあり得ません。

　　*ヨーロッパでは、エストニア人や、ハンガリーのマジャール人もウラル語族です。
　　**フィンランドという国名もフィンランド語ではスオミといいます。

　さて、本題に戻って、フィンランドの輸出品目をご覧ください。
　先述の試験問題の騒動に際し、出題側の大学入試センターは、ムーミンの画像に描かれた背景から「低平で森林と湖沼が広がるフィンランドが類推される」という見解を示しています。その画像を見る限り、やや無理のあるエクスキューズですが、それはともかく、この見解はフィンランドの

第1講
地図と交通

第2講
資源・
エネルギー

第3講
産業・
農林水産業

第4講
文化と生活

第5講
東アジア・
東南アジア編

第6講
南アジア編

第7講
西アジア編

第8講
アフリカ編

第9講
ヨーロッパ編①

第10講
ヨーロッパ編②

第11講
ロシア・
米国編

第12講
中南
アメリカ編

第13講
オセアニア編

第14講
日本編

表10-4　フィンランドの輸出貿易

1984年	百万ドル		2018年	百万ドル	
1位/紙類	2,895	21.4%	1位/機械類	16,939	22.5%
2位/機械類	1,767	13.1%	2位/紙類	8,205	10.9%
3位/船舶	1,330	9.8%	3位/石油製品	6,126	8.1%
4位/木材	787	5.8%	4位/自動車	5,052	6.7%
5位/石油製品	733	5.4%	5位/鉄鋼	4,643	6.2%
総計	13,507	100.0%	総計	75,258	100.0%

『世界国勢図会』第2版・第31版により作成。

景観を見事に表しています。氷河時代には大陸氷河に侵食されたバルト楯状地に多くの氷河湖が分布する国土は、亜寒帯気候の下で針葉樹林に覆われています。輸出品目の上位に現れる紙類や木材は、そんな自然環境を背景にしています。

　近年の大きな変化は、「機械類」に含まれるICT（情報通信技術）関連の製造業が大きく成長したことです。フィンランドの代表的な電気機械企業であったノキア社は、1990年代に通信分野に特化し、携帯電話端末の製造で飛躍しました。日本でのシェアはそれほど高くなかったので知名度は低いかもしれませんが、世界的には携帯電話端末のシェアで、1998年から2011年まで世界一を維持していました。その後は米国 Apple 社（iPhone）や韓国サムスン電子との競争に敗れ、端末事業からは撤退し（部門ごと売却されましたが、ノキアのブランド名は残っています）、携帯電話の通信インフラ部門専業の企業となりました。

　人口規模も小さく（約550万人）、一部のレアメタルを除いて資源も乏しいフィンランドでは、限られた資本や人材をICTなど特定のハイテク分野に集中させて、研究開発（R&D）の効率化と、効果的な事業化を図ってきたのです。人材開発の面で力を入れてきたのが教育改革です。国際学

力調査でつねに上位を占めるフィンランドの教育システム*は、世界的にも注目されています。

> *フィンランドは1990年代から教育改革を始めました。基礎学校（小中学校）は１クラス20〜25人の少人数学級で、学習内容は学校ごとの裁量に大きく委ねられています。教員は原則として教育学などの修士号を取得しています。5割は高校、4割は職業学校に進学しますが、入試はありません。高校の卒業試験は行われ、その成績と志望で大学に進学します。大学までの教育は無償化されています。

 献血しながら輸血を受ける国

最後に、フィンランドと同じバルト海に面するポーランドを見ていきましょう。歴史上、プロイセン（ドイツ）やロシア（ソ連）による分割が繰り返され、国家の消滅も経験した国です。第二次世界大戦後は、ソ連の影響下で社会主義国となっていましたが、1980年には自主管理労働組合「連帯」の運動が始まりました。自由な組合活動を認めない社会主義体制下で、前例のない「連帯」の闘いは、弾圧を受けながらも発展し、1989年の東欧革命による民主化につながりました。

2004年には、ポーランドやチェコ・ハンガリーなど東欧諸国を中心とする10カ国がEUに加盟します。いわゆる東方拡大の動きですが、これによ

表10-5 ポーランドの輸出貿易

1984年	百万ドル		2018年	百万ドル	
1位/機械類	3,490	30.0%	1位/機械類	61,904	23.6%
2位/石炭	1,764	15.1%	2位/自動車	29,874	11.4%
3位/船舶	495	4.3%	3位/家具	13,146	5.0%
4位/鉄鋼	463	4.0%	4位/金属製品	12,976	5.0%
5位/硫黄	339	2.9%	5位/肉類	7,299	2.8%
総計	11,647	100.0%	総計	261,815	100.0%

『世界国勢図会』第2版・第31版により作成。

第1講
地図と交通

第2講
資源・
エネルギー

第3講
産業・
農林水産業

第4講
文化と生活

第5講
東アジア・
東南アジア編

第6講
南
アジア編

第7講
西
アジア編

第8講
アフリカ編

第9講
ヨーロッパ編①

第10講
ヨーロッパ編②

第11講
ロシア・
米国編

第12講
中南
アメリカ編

第13講
オセアニア編

第14講
日本編

ってポーランドの貿易も大きな変化を見せています。

　社会主義時代には、農業国としての性格が強く、ライ麦やじゃがいもなどの栽培を家畜の飼育と組み合わせる自給的な混合農業を、小規模な個人農が行ってきました。「自給的」ということは国内市場向けなので、輸出品目には反映されません。製造業では、埋蔵量の豊富な南部のシロンスク炭田を中心にした鉄鋼業、北部の沿岸都市（シュチェチンなど）の造船業など、重工業が中心です。先述の「連帯」の運動も、バルト海に面したグダンスクの造船所で起きたストライキがきっかけでした。輸出品目にも石炭・船舶・鉄鋼などが並んでいますね。輸出相手はおもにソ連やチェコなどの東側諸国でした。

　しかし、ＥＵの共同市場に入ると、比較的安価な労働力を求める西ヨーロッパ企業による生産拠点の移転が盛んになり、2位の「自動車」や、電気機械などの組み立て工場が立地するようになりました。ＥＵ域内での販売を図って日系企業の進出も見られます。このような動きは、同じ東欧のチェコやハンガリーでも顕著です。輸出相手国もドイツ・イギリス・フランスといった西ヨーロッパ諸国が中心となっています。貿易額の拡大も著しく、輸出額を20年前（1998年）と比べると約9.3倍です。

　3位の「家具」も気になります。これは、平坦な国土に広がる森林の存在を大前提としますが、なんといっても世界最大の家具量販店イケア（ＩＫＥＡ）が自前の製造部門を置いているからです。イケアは、スウェーデン発祥ですが、供給・販売網が世界中に広がっているグローバル企業です。日本にも多くの大型店舗がありますね。イケアはアメリカ合衆国の生産拠点を閉鎖する一方で、ポーランドの工場を拡張しており、ここでも生産コストの安さが鍵になっています。

　しかし、このような安いコストの源泉である低賃金労働力ですが、ＥＵは労働市場も自由化されているため、多くのポーランド人が西ヨーロッパ諸国に出稼ぎのために流出しています。とくにイギリスには約90万人のポ

181

ーランド人が移住しており、このような移民の急増がイギリスのＥＵ離脱の要因の１つであった、ということは前講（P.165参照）でもお話ししました。ポーランドでは、さらに経済水準の低い東のウクライナからの移民を受け入れることで、西に抜けた労働力の不足を補っています。旧ソ連解体で独立したウクライナですが、クリミア危機など*を経てロシアと事実上の戦争状態（停戦中）にあるため、経済は停滞しており、ポーランドなどに出稼ぎ労働者を送り出しているのです。一方、ポーランドは献血しながら輸血を受けている、というような（？）状況にあるわけです。

　ポーランドの右派政権は、同じキリスト教徒の経済移民は受け入れる一方で、中東紛争地域のムスリム（イスラームの信者）難民の受け入れは治安上の理由から拒否しています。欧州司法裁判所は、ポーランドなど東欧３ヵ国の難民拒否をＥＵ法違反と判決を下しており、ＥＵ域内での「東西対立」が徐々に強まっています。

＊ウクライナは、ロシアの天然ガスをヨーロッパに送るパイプラインのルート上にあります。ロシア中心のＣＩＳ（独立国家共同体）を離れてＥＵに近づくウクライナに対し、ロシアはウクライナ向け天然ガスを値上げし、2014年にロシア系住民が多い黒海のクリム（クリミア）半島をロシア領に編入、さらにウクライナ東部にも軍事介入しました。

ロシア・米国編

貿易収支が赤字でも金融収支が黒字になる理由

POINT

★エネルギー資源の輸出に依存するロシアには弱さと強さが同居する

★米国の莫大な貿易赤字は中国や日本によって裏付けられている

★シェール革命で原油輸出を解禁した米国はエネルギー輸出国に向かう

 ソ連からロシアへ

ロシアは、1991年まで存在したソビエト社会主義共和国連邦（ソ連）の一部でした*。共産党の一党独裁の下で、計画経済を行う社会主義国。資本主義における弱肉強食・優勝劣敗の非人間性への批判から生まれ、平等を建前とした社会主義でしたが、自由を奪われた民間の生産意欲は高まらず、官僚システムは硬直し、財政は冷戦による軍事費に圧迫されて、行き詰まりました。

---

*一部といっても、ロシアだけでソ連の面積の76％、全人口の51％を占めていました。

ゴルバチョフは、立て直しのために内政においてはペレストロイカ（構造改革）を進め、外交では米ソ冷戦を終結（1989年）させました。しかし、1980年代末からの東欧革命の波が押し寄せると、ソ連を構成していた15の共和国の中から、1991年にまずバルト3国が離脱、残った12の共和国もそれぞれ独立してソ連は解体したのです。

ソ連崩壊の後、ロシア経済は大きな混乱に陥りました。激しいインフレ、物不足、失業に悩まされ、産業は停滞しました。経済成長率は1998年までマイナス成長が続いています。しかし、2000年代を迎えて経済は回復し、2008年に起きたリーマンショックに伴う世界金融危機の直後などを除いて、経済成長率はプラスに転じています。こうしてロシアは、ブラジ

表11-1 ロシアの輸出貿易（1984年はソ連）					
1984年	**百万ドル**		**2017年**	**百万ドル**	
1位/原油	38,237	41.7%	1位/原油	93,306	26.0%
2位/石油ガス	9,194	10.0%	2位/石油製品	60,107	16.7%
3位/機械類	7,593	8.3%	3位/天然ガス	38,693	10.8%
4位/鉄鋼	2,802	3.1%	4位/鉄鋼	19,752	5.5%
5位/化学製品	2,690	2.9%	5位/石炭	14,525	4.0%
総計	**91,650**	100.0%	総計	**359,152**	100.0%

『世界国勢図会』第2版・第31版により作成。

ル・インド・中国・南アフリカ共和国とともにＢＲＩＣＳと称されるようになりました。

資源輸出に依存する経済

　表11-1を見ると、ロシアの主要輸出品は、原油・天然ガスなどのエネルギー資源であることがわかります。2000年代には、中でも2004年から2008年にかけて、原油や天然ガスなどのエネルギー価格が高騰しました。インドや中国などの新興国での原油需要が増大したこと、原油市場に投機的な金が流入したことがおもな要因です。2005年にアメリカ合衆国の主要産油地帯であるメキシコ湾岸をハリケーン「カトリーナ」が襲い、石油精製施設などに被害を与えたことも、原油の供給不安と価格高騰に結びつきました。

　こうしたエネルギー価格の急騰が、原油や天然ガスの生産・輸出国であるロシアに大きな恩恵を与え、急速な経済回復につながったわけです。ロシア国内では、強権的な政権と結びついたエネルギー部門の新興財閥が大きな影響力を持つようになりました。社会主義時代の「平等」の理想なんて、もはやどこかに吹き飛んでいますが、だからといって「自由」が育っているわけでもありません。世界最大の天然ガス企業であるガスプロムの

株式の過半数はロシア政府に保有されています。一方、政権に批判的な財閥は、国家による厳しい抑圧を受けています。ロシアの「市場経済」は、いわば国家資本主義によって支配されているわけです。

しぶといロシア、甘くない交渉

しかし、資源輸出に依存した経済は、脆弱性が課題となります。投資はエネルギー産業に集中しており、工業生産はなかなか成長しません。2015年には、アメリカ合衆国におけるオイルシェール（油母頁岩）の開発が進んだことによる「シェール革命」によって原油価格が急落し、ロシアの経済成長率はマイナスに転じ、深刻な経済危機に見舞われました。

他方で、2020年からのコロナ禍の中でも、（先ほどの統計にはありませんが）小麦や肉類などの農畜産物の生産・輸出は順調に拡大を続けています。おもにロシア男性の平均寿命を縮めていたウォトカ（ウォッカ）の消費量も低下し、ソ連崩壊から2008年頃まで続いた深刻な人口減少にも歯止めがかかっています。意外としぶといロシア経済、といったところです。

というわけで、経済援助や投資をテコに北方領土の返還を求める、という日本の外交戦略は完全に破綻しています。ましてや「『ウラジーミル』とファーストネームで呼びかける首脳同士の個人的信頼関係」なんて幻想にすぎず、最近はまるで相手にされていないようです。

世界最大の貿易赤字国

そのロシアと政治的に厳しく対立するアメリカ合衆国（以下、米国）。先述のようにかつての米ソ冷戦は終結していますが、2014年のクリミア危機（ロシアによるクリミア半島併合や、ウクライナ東部の内戦介入などで激化したロシアとウクライナとの対立、およびロシアの行動を非難する欧米による制裁）などを経て、今や「新冷戦」ともいえる状況となっています。ここでいったん、米国の貿易の特徴と変化を見ていきましょう。

第1講 地図と交通
第2講 資源・エネルギー
第3講 産業・農林水産業
第4講 文化と生活
第5講 東アジア・東南アジア編
第6講 南アジア編
第7講 西アジア編
第8講 アフリカ編
第9講 ヨーロッパ編①
第10講 ヨーロッパ編②
第11講 ロシア・米国編
第12講 中南アメリカ編
第13講 オセアニア編
第14講 日本編

米国は、輸入額（約2.5兆ドル）では世界一、輸出額（約1.6兆ドル）でも中国に次いで世界第２位という貿易大国であると同時に、9000億ドルという圧倒的な世界最大の貿易赤字を抱えた国です（数値はいずれも2019年）。米国とは逆に、輸出額が輸入額を上回れば貿易黒字。中国やドイツといった工業国、ロシアやサウジアラビアのような資源国が、大幅な黒字国として上位に名を連ねます。日本もここの常連だったのですが、2011年の東日本大震災[*]をきっかけに31年ぶり[**]に貿易赤字に転落しました。その後は赤字が続いていましたが、2016年からは黒字と赤字を行ったり来たりです。

[*] 震災でサプライチェーン（P.126）が寸断されたこと、原発事故でエネルギー資源の輸入が増えたうえに価格が高騰していたこと、歴史的な円高などが重なった結果です。

[**] 1980年には、前年に発生した第２次石油危機による原油価格高騰と世界的不景気の影響が強く残っていました。石油危機については第２講をご覧ください。

貿易赤字は良い？ 悪い？

今、「貿易赤字に転落」と表現してしまいましたが、貿易赤字は必ずしも悪いことではありません。赤字といっても何か損をしているわけではなく、国内市場における需要を満たすために外国から多くのモノを調達しているだけのことです。世界一の経済大国である米国の景気が良ければ、世界でもかなり裕福な米国民はたくさんのモノを消費しますから、国内からも外国からもたくさんのモノを買うのです。

トランプ前大統領は、貿易赤字を「ロス（損失）」と表現して、自らの「ディール（取り引き）」によってこの貿易赤字を減らすことを国民にアピールしていました。中国との貿易戦争を仕掛けたのもその一環でしょう。かつて対日貿易赤字が拡大した1980年代に「日米貿易摩擦」が燃え上がり、その後は米国側が日本に対して貿易不均衡の是正を要求し続けていることを思い起こさせます。

第1講 地図と交通
第2講 資源・エネルギー
第3講 産業・農林水産業
第4講 文化と生活
第5講 東アジア・東南アジア編
第6講 南アジア編
第7講 西アジア編
第8講 アフリカ編
第9講 ヨーロッパ編①
第10講 ヨーロッパ編②
第11講 ロシア・米国編
第12講 中南アメリカ編
第13講 オセアニア編
第14講 日本編

 日中が支える米国の景気

　たしかに、貿易赤字ということは輸入による支払いが輸出による収入を上回るわけですから、その分、自国通貨が相手国に流出するということです。しかし、相手国である日本や中国は、そのドルを米国債や米国株式などに投資する形で米国に還流させています（実際、この２国は米国債保有高の１位・２位を競っています）。米国は、貿易収支を含む経常収支* は赤字でも、金融収支では黒字なのです。日中は米国債を買うことで米国政府による巨額の財政赤字を支え、財政支出による公共インフラの整備や大規模減税によって、米国の景気を良くしているわけです。おまけに、米国債権の買い支えによってドルは今も基軸通貨の地位を確保しているともいえるでしょう。

　黒字国と赤字国、一体どちらが得をしているのでしょうか。2020年における日本の米国債保有残高は、中国をやや上回る1.2兆ドル。３億人のアメリカ国民全員に１人40万円ずつ投資しているんですね。ちょっとは感謝していただかないと……。

*経常収支とは、貿易収支の他、サービス収支、第一次所得収支（海外からの利子、配当金など）、第二次所得収支（政府開発援助における現物援助など）の合計です。米国ではサービス収支や第一次所得収支は黒字です。とくに知的財産権使用料（特許使用料など）を中心としたサービス収支は大幅な黒字を続けています。ただし、貿易収支の大幅な赤字をカバーするにはいたらず、経常収支は赤字となっています。

 米国経済の象徴・航空宇宙産業

　さて、米国の輸出品目の変化を確認しましょう。第９講「ヨーロッパ編①」のところでお話ししたように、先進工業国の貿易統計はあまり変わり映えしません。米国はヨーロッパ諸国と違って、新大陸の広大な国土を背景にした一次産品（地下資源や農畜産物）の生産も盛んで、貿易品目の上

表11-2　米国の輸出貿易

1983年	百万ドル		2018年	百万ドル	
1位/機械類	56,318	28.1%	1位/機械類	398,033	23.9%
2位/自動車	14,356	7.2%	2位/自動車	126,117	7.6%
3位/航空機	12,323	6.1%	3位/石油製品	103,192	6.2%
4位/精密機械	6,918	3.4%	4位/精密機械	72,087	4.3%
5位/とうもろこし	6,480	3.2%	5位/医薬品	52,947	3.2%
6位/小麦	6,239	3.1%	6位/プラスチック	51,869	3.1%
7位/大豆	5,925	3.0%	7位/原油	48,262	2.9%
8位/有機薬品	4,634	2.3%	8位/有機化合物	39,645	2.4%
9位/石油製品	4,523	2.3%	9位/金属製品	30,247	1.8%
10位/石炭	4,052	2.0%	10位/野菜・果実	24,806	1.5%
総計	200,538	100.0%	総計	1,665,303	100.0%

『世界国勢図会』第1版・第31版により作成。

位にもそれらの一部が顔を出すのですが、それでも他国同様の5位までの表ではピンときません。ここは日本にとっての重要性にも鑑みて10位まで掲載します。

　重化学工業製品が中心の上位にはあまり変化がありませんが、2018年では航空機が消えているのは少し気になります。出典の元データである国連統計を調べてみると、航空機の部品や宇宙部門も含めた総額では自動車をやや上回る輸出規模になっており、今でも航空機産業（正確には航空宇宙産業）は米国の基幹産業であるといって差し支えありません。ヨーロッパのエアバス社と激しい競争を続けるボーイング社は、2001年の9.11同時多発テロや、2008年のリーマンショックなどで一時的に売り上げを落としてはいますが、長期的には売上高も利益率も上昇を続けています。

　ボーイング社といえば、創業地であるシアトル（ワシントン州）との結

びつきが有名ですが、本社は2001年にシカゴ（イリノイ州）に移転しています。

図11-1　ボーイング本社、シアトルからシカゴへ

製造拠点や研究開発部門などはそのままですが、軍用機のお得意様であるペンタゴン（国防総省）のある首都ワシントンD.C.*、金融の中心であるニューヨークなど、東海岸との関係を重視した移転といわれています。シアトルでは3時間ある東海岸との時差もシカゴなら1時間だし、移動するにもシアトル〜ニューヨーク間では約5時間かかるところ、シカゴ〜ニューヨーク間は2時間程度です。中枢管理機能を担う首脳陣にとっては、この時間的ロスが苦痛だったのでしょう。さらには、エアバス社と競うヨーロッパ市場へのアクセスまで視野に入っていたかもしれません。

　なお、シカゴのオヘア国際空港は、ハーツフィールド＝ジャクソン＝アトランタ国際空港や、ダラス＝フォートワース国際空港と並ぶ代表的な巨大ハブ空港（中継機能の高い地域の拠点空港）でもあります。

＊ペンタゴンは、厳密にはワシントンD.C.と接するヴァージニア州に位置します。

知的財産とテクノロジーが切り開く新分野

　農産物も2018年では姿を消しています。とうもろこしは今世紀に入り国際価格が上昇したため、2005〜08年に輸出額は拡大しましたが、飼料の他、バイオエタノールの原料として国内での需要が急増しており、生産が増えている割に輸出量は停滞しています。同じ飼料作物の大豆も同様ですね。小麦はちょっと違っていて、米国での生産量自体が減少しています。とうもろこしの価格高騰によって、小麦・とうもろこしの両方を生産可能

な地域では小麦からとうもろこしへの転換が進んでいるためです。

　工業製品では医薬品に注目したいところです。世界最先端の科学技術を持つ米国では、産業構造が著しく高度化しています。知的財産のかたまりである医薬品を研究・開発する部門には政府の支援も手厚く、成長産業となっているのです。スイスのところでも触れましたが（P.177）、新型コロナワクチンの開発ではファイザーなどの米国企業が「m-RNA」という遺伝物質を利用した圧倒的な製薬能力を見せつけました。

　統計中の精密機械も医療関連製品の割合が高いのです。かつて「鉄の都」といわれたピッツバーグは、製鉄業の衰退によってハイテク産業の街に生まれ変わっていますが、その中でも医療関連産業は大きな役割を果たしています。そういえば、とうもろこしや大豆の増産の背景にある遺伝子組み換え作物の普及も、バイオテクノロジー分野の研究・開発力の賜物といえるでしょう。

輸入国から輸出国へ

　もう１つ、2018年では原油が輸出品目ランキングに名を連ねています。次ページの図11-2に示されるように米国は原油の純輸入国（輸入額のほうが輸出額よりも多い国）です。国内の大量の需要を、国産原油に加えて中東などからの輸入原油でも支えてきたのですね。それでも、この原油輸出には注目せざるを得ません。なぜなら、実は米国では第１次石油危機の後、1975年から原油の輸出を禁止していたからです。厳密には「許可制」であって、輸出はゼロではありませんでしたが、厳しく制限されていたことはグラフからもわかります。

　ところが、2000年代に入ってからの資源価格高騰を追い風に、オイルシェールからの石油・ガス生産が拡大する「シェール革命」が起きました。原油価格が上がったおかげで、水圧で油分を含んだ頁岩の岩盤に亀裂を入れる「高圧破砕法」などの生産コストに見合う水準になったのです。もちろん、そういった技術が確立したことも革命の要因です。この結果、原油

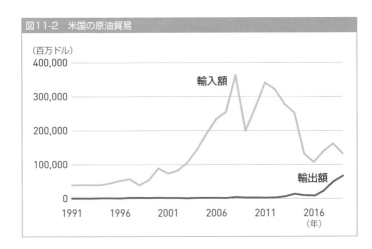

図11-2　米国の原油貿易

(百万ドル)

- 400,000
- 300,000
- 200,000
- 100,000
- 0

輸入額

輸出額

1991　1996　2001　2006　2011　2016
(年)

産出量が急激に増えたのですが、今度は在庫がだぶつき気味になって価格が低下します。それで困った業界の求めに応じて2016年に40年ぶりに輸出が解禁されたのです。

　今後は米国が原油の純輸出国に転じたり、すでに始まっている日本向けの原油輸出がさらに拡大したりするかもしれません。すでに天然ガスについては、日本の輸入相手としてオーストラリアや中東諸国を補う形で米国産が一定の割合（総輸入量の５％程度）を占めています。ただし、2020年末から2021年にかけてパナマ運河の「渋滞」によるＬＮＧ（液化天然ガス）輸送の遅れが問題となりました。米国産の原油が日本の中東依存度を低下させるには、まだまだざまざまな課題がありそうです。

第1講　地図と交通
第2講　資源・エネルギー
第3講　産業・農林水産業
第4講　文化と生活
第5講　東アジア・東南アジア編
第6講　南アジア編
第7講　西アジア編
第8講　アフリカ編
第9講　ヨーロッパ編①
第10講　ヨーロッパ編②
第11講　ロシア・米国編
第12講　中南アメリカ編
第13講　オセアニア編
第14講　日本編

中南アメリカ編

なぜブラジルは、コーヒー豆から原油大国になったのか？

POINT

★メキシコの工業化は、米国との国境沿いの地域から始まっている

★一次産品のブームが繰り返されたブラジルの主要輸出品は猫の目

★コロンビアは対ゲリラ内戦の終結、チリは中国の電力需要がポイント

 メキシコのマキラドーラ

　メキシコ（P.201参照）の輸出品目は様変わりしています。1984年は、ほとんど原油のモノカルチャー経済といったところです。1970年代の石油危機の後、リスクの高い中東以外に輸入相手の多角化を図った先進工業国は、非OPEC産油国からの輸入を拡大しました。とくに米国にとって石油資源に恵まれた隣国メキシコは重要な輸入先となりました。

　しかし、メキシコの側からすれば、脆弱なモノカルチャー経済を脱却して工業化を進めたいところで、そのために制度化されたのがマキラドーラです。この制度のおかげで、すでに1984年の段で輸出品目上位に機械類・自動車が含まれています。

表12-1　メキシコの輸出貿易

1984年	百万ドル		2018年	百万ドル	
1位/原油	14,968	62.2%	1位/機械類	157,812	35.0%
2位/機械類	1,284	5.3%	2位/自動車	115,229	25.6%
3位/石油製品	701	2.9%	3位/原油	26,483	5.9%
4位/コーヒー豆	475	2.0%	4位/精密機械	17,110	3.8%
5位/自動車	463	1.9%	5位/野菜・果実	15,089	3.3%
総計	24,054	100.0%	総計	450,532	100.0%

『世界国勢図会』第3版・第31版により作成。

マキラドーラとは、保税加工工場のしくみです。米国との国境沿いに、米国企業の工場が進出してきます。本国から部品を送り、メキシコの低賃金労働力で製品化し、米国市場に再輸出するのです。多くの人手がかかる労働集約的な産業、電気機械や自動車部品の組み立てなどで盛んに利用されました。本来なら、部品の輸入には関税や付加価値税（日本でいう消費税）がかかりますが、製品の輸出を条件に保税、つまり課税を保留するのです。関税には競争力の高い外国製品から自国内の弱い産業を守る機能がありますが、製品を米国に再輸出するのなら影響は小さい、というわけです。これでメキシコは外国の資本と技術を導入し、自国民の就業機会を確保できるわけです。

この制度は、メキシコに進出した日本企業も利用していました。米国に子会社を、そのまた子会社をメキシコに設立し、米国の工場で作った部品をメキシコに送って組み立てて、米国市場に出荷するわけです。

NAFTAと日本

しかし、1994年に米国、カナダ、メキシコの３国はNAFTA（北アメリカ自由貿易協定）を結びました。一定の条件の下で貿易に関税をかけない自由市場を形成したのです。そのため、マキラドーラは名称や内容を変化させますが、米国市場と結びついたメキシコの加工貿易はさらに拡大していきます。徐々にメキシコ市場も成長し、一部の製品は国内でも販売されるようにもなっていきます。

ところで、メキシコはNAFTAのようなFTA（自由貿易協定）を2000年にはEU（ヨーロッパ連合）との間でも結びます。当時の日本はメキシコとのFTAを結んでいなかったため、先述のように進出していた日本企業は不利な立場に陥りました。この解消のための日本とメキシコのFTAは交渉が長引き、発効したのは2005年になってからです。今でこそ、多くの国とFTAを結んでいる日本は、メキシコに限らずFTAそのものに消極的だったのです。これはなぜでしょう？

第1講 地図と交通
第2講 資源・エネルギー
第3講 産業・農林水産業
第4講 文化と生活
第5講 東アジア・東南アジア編
第6講 南アジア編
第7講 西アジア編
第8講 アフリカ編
第9講 ヨーロッパ編①
第10講 ヨーロッパ編②
第11講 ロシア・米国編
第12講 中南アメリカ編
第13講 オセアニア編
第14講 日本編

シンガポールの金魚

　メキシコ以前に日本がＦＴＡ*を結んでいた相手は、シンガポールだけです。2002年に発効した「日本シンガポール経済連携協定」です。それは、シンガポールが第１次産業のほとんど存在しない都市国家だからです。日本政府は政治的な問題になりやすい農産物の貿易自由化を避けていたのですね。安い農畜産物が日本に入ってくれば農家や農業団体が反発するからです。農業の盛んなメキシコとの貿易自由化に懸念が強かったことは容易に想像できます。その点、シンガポールとの交渉は楽だったわけです。

　ところが、その交渉においてさえ難航が報道された分野が１つだけあります。それがシンガポールで養殖されている金魚。大したスペースは要りませんし、金魚鑑賞が中国発祥ということからも華人の多いシンガポールに養殖業が立地している<ruby>のは頷<rt>うなず</rt></ruby>けます。日本では<ruby>大和 郡 山<rt>やまとこおりやま</rt></ruby>（奈良）や<ruby>弥<rt>や</rt></ruby><ruby>富<rt>とみ</rt></ruby>（愛知）などが有名な産地です。日本の金魚業界団体の影響力がどの程度かは不明ですが、農水族議員が「金魚は例外にしろ」とクレームを付けたとか**。

　*日本では、モノ・サービスの貿易を自由化するＦＴＡに、人の移動、知的財産権の保護、投資などさまざまな協力や幅広い分野での連携を加えたＥＰＡ＝経済連携協定という呼称を用います。ただし、現在世界中で結ばれているＦＴＡも、同様に幅広い内容を含むものが多く、この用語の区分にあまり意味はありません。

　**この話は、他の重要品目の自由化に関する対立をカモフラージュするために両国政府がリークしたものだ、ともいわれています。

 NAFTAからUSMCAへ

　2020年、"アメリカファースト"を掲げる米国トランプ前大統領の下で、ＮＡＦＴＡは新しい協定、ＵＳＭＣＡ（米国・メキシコ・カナダ協定）に切り替えられました。ＮＡＦＴＡによってメキシコから安い工業製

品が流入することが、米国内の製造業を圧迫し、労働者の職を奪うと考えたのです。それで、USMCAでは、カナダやメキシコから米国に輸出する自動車台数に枠を設定する、といった内容を含んでいます。知的財産権の保護なども結果的には米国に有利な内容となっています。

バイデン政権になって、前政権による強硬外交（ＴＰＰ＝環太平洋経済連携協定からの一方的な離脱など）は影を潜めるでしょうが、だからといってＵＳＭＣＡをＮＡＦＴＡに戻す、なんてことはなさそうです。バイデン大統領は、選挙期間中から国内産業への積極的な投資をうたう「メイド＝イン＝アメリカ」政策を訴えていました。方向性はトランプ時代と大きく変わらないでしょうし、毎朝、大統領のツイートで市場が右往左往するようなドラスティックな政策変更は誰も望まないでしょう。

メキシコやカナダの最大の貿易相手国は、もちろんいずれも米国で、しかもその割合はきわめて高いものです。また、メキシコからアメリカ合衆国への移民ヒスパニック（P.106）はよく知られていますが、非合法の出

表12-2　北アメリカ諸国の貿易相手国（2018年）

(%)

		米国の貿易相手国		カナダの貿易相手国		メキシコの貿易相手国	
輸出		カナダ	18.0	米国	75.5	米国	79.5
		メキシコ	15.9	中国	4.7	カナダ	3.1
		中国	7.2	イギリス	2.8	中国	1.6
		日本	4.5	日本	2.2	ドイツ	1.6
		イギリス	4.0	メキシコ	1.4	スペイン	1.2
輸入		中国	21.2	米国	51.3	米国	46.5
		メキシコ	13.6	中国	12.7	中国	18.0
		カナダ	12.5	メキシコ	6.2	日本	3.9
		日本	5.6	ドイツ	3.2	ドイツ	3.8
		ドイツ	5.0	日本	2.8	韓国	3.6

『世界国勢図会』第31版により作成。

第1講　地図と交通
第2講　資源・エネルギー
第3講　産業・農林水産業
第4講　文化と生活
第5講　東アジア・東南アジア編
第6講　南アジア編
第7講　西アジア編
第8講　アフリカ編
第9講　ヨーロッパ編①
第10講　ヨーロッパ編②
第11講　ロシア・米国編
第12講　中南アメリカ編
第13講　オセアニア編
第14講　日本編

稼ぎも多く、彼ら在米移民からの送金は石油輸出を上回る外貨獲得源となっています。このようにメキシコ経済は対米依存度が高く、その動向はアメリカ経済の浮沈次第といえるのです。だから、米国の意向にはある程度従わざるを得ないのです。

 もう「コーヒー豆の国」とは言えないけれど……

　ブラジル（P.201参照）の輸出品と聞かれて、「コーヒー豆」と答える人は少なくないでしょう。実際、生産量も輸出量も相変わらず世界一であることに間違いはないのですが、ＢＲＩＣＳの一員として工業生産が拡大しているブラジルの輸出貿易に占めるコーヒー豆の割合は、ご覧のように低下しており（表12-3）、表外となっている2018年のコーヒー豆輸出額は43億7100万ドルと1982年の倍以上ですが、総輸出額に占める割合は1.8％と５分の１に低下しているのです。

　ただし、この貿易統計だけでは他の新興国のように「モノカルチャー経済から脱して工業化を進めている」とは単純には言いづらいのです。たしかに1982年と1998年の比較ではそのとおりですが（ただし1982年時点でも一定の工業化・多角化が進んではいます）、2018年を見ると、コーヒー豆ではないものの、大豆や原油といった一次産品が上位を占めるようになっ

表12-3　ブラジルの輸出貿易

1982年	百万ドル		1998年	百万ドル		2018年	百万ドル	
1位/コーヒー豆	1,854	9.2%	1位/機械類	6,274	12.3%	1位/大豆	33,191	13.8%
2位/機械類	1,830	9.1%	2位/自動車	4,827	9.4%	2位/原油	25,131	10.5%
3位/鉄鉱石	1,771	8.8%	3位/鉄鋼	3,698	7.2%	3位/鉄鉱石	20,216	8.4%
4位/植物性油かす	1,678	8.3%	4位/鉄鉱石	3,251	6.4%	4位/機械類	18,507	7.7%
5位/石油製品	1,162	5.8%	5位/コーヒー豆	2,334	4.6%	5位/肉類	14,306	6.0%
総計	20,173	100.0%	総計	51,120	100.0%	総計	239,888	100.0%

『世界国勢図会』第1版・第12版・第31版により作成。

ています。この独特の推移を知ってもらいたくて、ブラジルに限って3つの時期で比較しています。

　このうち、2018年で1位の大豆についての詳細は、第3講でお話ししています。ぜひ、そちらをご参照ください。5位に肉類が入っているのは、この大豆を国内用の飼料作物として鶏肉などの生産が拡大しているわけです。日本のスーパーでもブラジル産の鶏肉をよく見かけるようになりました。

輸入国だったはずなのに！

　2018年で2位の原油ですが、少し前の事情に詳しい人なら驚くかもしれません。安定陸塊に覆われたブラジルはエネルギー資源に乏しい国であり、発電においては水力の割合が著しく高い、と学んだはずです。豊富な鉄鉱石を使った鉄鋼業では、高価な輸入石炭の代わりにアマゾンの樹木を蒸し焼きにした木炭を利用し、森林破壊の要因にも挙げられていました。

　輸入原油に依存していたため、1970年代の石油危機で大きな打撃を受け、これをきっかけにさとうきびを原料としたバイオエタノールをガソリンの代わりに利用するようになりました。そんなブラジルが原油を輸出している⁉

　実は1970年代からリオデジャネイロ沖の大陸棚で海底油田の開発が始まっており、80年代の後半からは水深の大きい海域における豊富な埋蔵の開発も進んでいます。この結果、ブラジルの石油産業は大躍進し、石油輸出国の仲間入りを果たしたのです。ただし、石油精製能力は原油生産の伸びに追いつかず、石油製品については輸入国となっています。

ブームとバースト

　中・小型航空機の分野では、エンブラエル社がカナダのボンバルディア社とシェアを競うなど、決して近代的な工業化が遅れているわけではないのですが、ブラジル経済の歴史を紐解くと、国名の由来となったブラジル

第1講　地図と交通
第2講　資源・エネルギー
第3講　産業・農林水産業
第4講　文化と生活
第5講　東アジア・東南アジア編
第6講　南アジア編
第7講　西アジア編
第8講　アフリカ編
第9講　ヨーロッパ編①
第10講　ヨーロッパ編②
第11講　ロシア・米国編
第12講　中南アメリカ編
第13講　オセアニア編
第14講　日本編

ボク（ブラジル東部海岸森林地帯産のマメ科の高木）は赤色染料として16世紀前半に乱伐され、17世紀に生産が拡大したさとうきび栽培のために黒人奴隷を導入*（その後カリブ海諸国に主産地が移動、現在は再びブラジルでの生産が拡大）、18世紀には金やダイヤモンドの採掘熱が高まり（その後、枯渇）、19世紀に入ると米国での需要に応じたコーヒー豆栽培（20世紀の2度の大戦で価格大暴落）、19世紀後半にはアマゾンの天然ゴム収穫（その後、主産地は東南アジアに移動）……と、特定の産物の大流行が起きては、そのバブルがはじける、という「ブームとバースト」のサイクルを繰り返してきたのです。そして、今は中国での需要に合わせた大豆ブームが継続中、というわけです。

*ブラジルでは19世紀後半に奴隷解放が行われました。今ではアフリカ系黒人とポルトガル系白人との混血とされるムラートが人口の38.5％を占めています（黒人は6.2％）。人種だけでなく文化的な融合も進んでおり、ラテン民族の祭りにアフリカ起源のサンバのリズムが加わったのが有名な「リオのカーニバル」です。

10年後の輸出品目統計がどうなっているのか、ブラジルに関してはまったく予想もつきません。2億人超の人口を抱え、国内市場が大きいことも

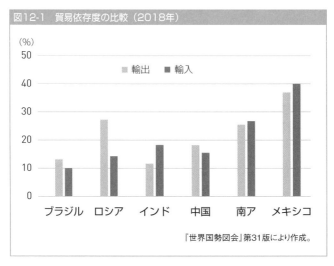

図12-1　貿易依存度の比較（2018年）

『世界国勢図会』第31版により作成。

あって、同じラテンアメリカの工業国メキシコや他のＢＲＩＣＳ諸国に比べて貿易依存度が低いので、ちょっとした「ブーム」で輸出統計上位の品目がコロコロ変わってしまうのです。

 ## 対ゲリラ戦の終結と資源開発

コロンビア（P.201参照）もコーヒー豆モノカルチャーの国でしたが、輸出品目は様変わりしています。今も世界第３位のコーヒー豆生産国ですが、輸出に占める割合は大きく低下し、代わってエネルギー資源の輸出が重要な外貨獲得源になりました。石炭についてはラテンアメリカ最大の埋蔵量を誇ります。カリブ海の海底油田や、東部に埋蔵される重質油は、いずれも油田コストの問題があるものの、国際価格の上昇によって採算性が高まっています。

表12-4　コロンビアの輸出貿易

1984年	百万ドル		2018年	百万ドル	
1位/コーヒー豆	1,765	50.7%	1位/原油	13,735	32.8%
2位/石油製品	480	13.8%	2位/石炭	7,448	17.8%
3位/果実	202	5.8%	3位/石油製品	3,024	7.2%
4位/繊維品	73	2.1%	4位/コーヒー豆	2,335	5.6%
5位/鉄鋼	66	1.9%	5位/装飾用切花	1,471	3.5%
総計	3,483	100.0%	総計	41,832	100.0%

『世界国勢図会』第2版・第31版により作成。

いずれにせよ、左翼ゲリラと政府軍との50年以上続いた内戦こそが、資源開発や先進国企業の投資にとって最大のネックでした。内戦での死者は22万人を数えましたが、ゲリラ側はコカインの生産・輸出を資金源として活動を継続し、治安状況も劣悪でした。ようやく2016年に、当時のサントス大統領によって和平が成立し、彼にはノーベル平和賞が与えられまし

第1講 地図と交通
第2講 資源・エネルギー
第3講 産業・農林水産業
第4講 文化と生活
第5講 東アジア・東南アジア編
第6講 南アジア編
第7講 西アジア編
第8講 アフリカ編
第9講 ヨーロッパ編①
第10講 ヨーロッパ編②
第11講 ロシア・米国編
第12講 中南アメリカ編
第13講 オセアニア編
第14講 日本編

た。今後の国内情勢の安定と産業の成長が期待されるところです。

 銅と銅鉱

　チリといえば銅ですが、輸出品目名には「銅」と「銅鉱」が並んでいます。「銅鉱」は資源として掘り出した鉱物で、「銅」は銅鉱を精錬して不純物を取り除いた金属製品という位置付けです。「銅」の輸出が中心だった1980年代と比べると、「銅鉱」のままでの輸出の割合が高まっていることになります。

　銅は、電力供給や通信回線に用いられる電線として、または自動車（とくに環境対応の電気自動車）や電化製品などさまざまな製品に用いられる伸銅品（銅や銅合金を圧延したもの）として使用される、エレクトロニクスをはじめとする現代の製造業において不可欠な金属素材です。とくに中国では経済発展に応じて電力需要が増大しており、そのため発電設備の建設が必要となり、導電性の高い銅線の需要が高まっています。こうした銅需要の高まりに応じて、チリ産の銅鉱が精錬能力の高い中国にそのまま輸出されているのです。

　野菜・果実には、チリ中部の地中海性気候区（夏に乾燥、冬に湿潤とな

表12-5　チリの輸出貿易

1986年	百万ドル		2018年	百万ドル	
1位/銅	1,283	30.8%	1位/銅鉱	18,698	24.8%
2位/果実	535	12.8%	2位/銅	17,946	23.8%
3位/動物性飼料	319	7.7%	3位/野菜・果実	7,140	9.5%
4位/銅鉱	265	6.4%	4位/魚介類	6,285	8.3%
5位/銅鉱くず	258	6.2%	5位/パルプ・古紙	3,615	4.8%
総計	4,166	100.0%	総計	75,482	100.0%

『世界国勢図会』第3版・第31版により作成。

る温帯気候）で栽培される<ruby>ぶどう</ruby>が含まれますが、それを原料とした<ruby>ワイン</ruby>の輸出も増えています。魚介類は日本にも多く輸出されている養殖<ruby>サーモン</ruby>が中心です。チリ南部には氷河の侵食を受けたフィヨルドが発達しており、北欧のノルウェーと同じように（P.177）ここが養殖に利用されているわけです。こういった部門の育成による経済の多角化を図るチリですが、世界的な銅の需要増加と価格高騰によって、結局は銅の輸出への依存が高まるばかりです。

図12-2　中南アメリカの国々

キューバ

メキシコ
(P.192〜)

ジャマイカ

ベネズエラ

コロンビア
(P.199〜)

エクアドル

ブラジル
(P.196〜)

ペルー

ボリビア

パラグアイ

アルゼンチン

チリ
(P.200〜)

ウルグアイ

第1講　地図と交通
第2講　資源・エネルギー
第3講　産業・農林水産業
第4講　文化と生活
第5講　東アジア・東南アジア編
第6講　南アジア編
第7講　西アジア編
第8講　アフリカ編
第9講　ヨーロッパ編①
第10講　ヨーロッパ編②
第11講　ロシア・米国編
第12講　中南アメリカ編
第13講　オセアニア編
第14講　日本編

オセアニア編

なぜアジアとの結び付きを強めていったのか？

P O I N T

★オーストラリアでは地下水を利用した羊の飼育と羊毛輸出が盛ん
★現在のオーストラリア経済は、豊富な地下資源に支えられている
★オーストラリアの社会は、多文化主義で先住民や移民を包摂する

 「羊の背に乗る国」

　オーストラリアの国旗の右側には南半球で見られる南十字星*、左側には6つの州と特別地域**を意味する大きな七稜星、その上にはユニオン・ジャックが描かれています。ユニオン・ジャックは言わずと知れた旧宗主国イギリスの国旗。

オーストラリアの国旗

　1901年に独立したあとも、オーストラリアはイギリス国王を君主とする立憲君主制の国であり、旧イギリス植民地諸国による連合体「イギリス連邦」の一員であることを表しています。国歌も、当初はイギリスの国歌 "God Save the Queen" をオーストラリア国家としていました。それだけ、独立後もイギリスとの関係が深かったのですね。

---

*北半球からも見えないわけではなく、沖縄県石垣市は2019年に南十字星を「市の星」に制定しました。

**イギリスからの独立時には6州の連邦国家だったため六稜星でしたが、のちに特別地域（ノーザンテリトリーや首都特別地域など）を含む七稜星になりました。

　そのオーストラリアの貿易品目の変化を見てみましょう。オーストラリアで羊毛の輸出が盛んなのはよく知られています。「羊の背に乗る国」なんていうニックネームがあるくらいです。

図13-1　オーストラリアの行政区分と主要都市

ダーウィン

ノーザン
テリトリー

クイーンズ
ランド

ウェスタン
オーストラリア

ブリスベン

サウス
オーストラリア

ニューサウス
ウェールズ

パース

シドニー

アデレード

ヴィクトリア

首都特別地域
キャンベラ

メルボルン

タスマニア

ホバート

　オーストラリアでおもに飼育されている羊の品種といえばメリノ種。その毛色は純白なうえ、毛質が縮れていて非常に繊細です。染色しやすく、保温性に優れたメリノ種の羊毛は世界的にも高品質なものです。羊毛の表面はうろこ状のスケール（髪の毛のキューティクルと同じもの）に覆われていて*、多少の雨水なら弾く撥水性もあるので、冷涼で年中しとしと雨の降るイギリスなど、欧州諸国では古くから重宝されてきたのです。

表13-1　オーストラリアの輸出貿易

1987年	百万ドル		2017年	百万ドル	
1位/石炭	3,554	13.4%	1位/鉄鉱石	48,521	21.1%
2位/羊毛	2,947	11.1%	2位/石炭	43,296	18.8%
3位/肉類	1,666	6.3%	3位/液化天然ガス	19,669	8.5%
4位/小麦	1,426	5.4%	4位/金(非貨幣用)	13,520	5.9%
5位/金(非貨幣用)	1,203	4.5%	5位/肉類	9,085	3.9%
総計	26,486	100.0%	総計	230,163	100.0%

『世界国勢図会』第3版・第31版により作成。

第1講　地図と交通
第2講　資源・エネルギー
第3講　産業・農林水産業
第4講　文化と生活
第5講　東アジア・東南アジア編
第6講　南アジア編
第7講　西アジア編
第8講　アフリカ編
第9講　ヨーロッパ編①
第10講　ヨーロッパ編②
第11講　ロシア・米国編
第12講　中南アメリカ編
第13講　オセアニア編
第14講　日本編

メリノ種の羊はスペイン原産です。夏に雨が降らない地中海性気候のイベリア半島、その高原メセタで飼われていただけあって、非常に乾燥に強いという特性まで併せ持っています。季節によって標高を変えながら飼育する移牧が行われてきました。今でもスペインの牧羊業者は移牧ルートとして公道を使用する権利を持っているそうです。起源はローマ人がスペインに持ち込んだ羊ですが、かつてこの半島がイスラーム王朝（ムラービト朝など）に支配されていた頃、北アフリカのムスリム（イスラームの信者）であるベルベル人が品種改良して今のメリノ種を作り上げたのです。

　レコンキスタ（国土回復運動）によってキリスト教徒が半島を奪還したのち、スペイン王室はこの優れたメリノ種の飼育を独占し、フランドル地方** や北イタリアの毛織物工場に原料を提供しました。しかし、王室の窮乏やナポレオンの侵攻によって独占は崩れ、メリノ種は世界に拡散します。イギリス人の手によって、その植民地である南アフリカ、そしてオーストラリアにも渡ることになったのです。

---

* 羊毛が濡れて圧力がかかると、開いたスケールが絡み合って密度の高いかたまり（毛玉）ができます。セーターなどが縮むのはこの性質のせいです。これを人工的に行うとフェルトになります。モンゴルの遊牧民が暮らす伝統的な移動式住居ゲル（中国ではパオ〈包〉、中央アジアではユルト）の壁や床には、厚いフェルトを使用しています。

** 現在のベルギー〜北フランス付近。もとはイングランドの羊毛を輸入していましたが、イングランド国内における毛織物工業の勃興を背景にエドワード３世が羊毛輸出を禁止したため、フランドル地方はスペインの羊毛に依存しました。フランドル地方をめぐる英仏の対立は百年戦争の原因の１つです（P.174）。

 自噴する地下水

　話を戻しましょう。オーストラリアでは、このメリノ種の羊をおもに内陸部で放牧しています。オーストラリアの等降水量線は同心円状になっていて、中央部の砂漠から外縁に向かうにつれて降水量は増えます。このう

ち、年降水量が250mm以上500mm未満のステップ草原（図13-2の BS の地域）がおもな牧羊地帯です。

　なかでも東部の大鑽井（グレートアーテジアン）盆地は、豊富な地下水を利用して開拓期から牧羊が盛んです。この地下水は、高温で塩分濃度も高いため、農業用の灌漑には使えませんが、羊の飲み水にはなるわけです。

　この地名、最近の教科書や地図帳では、「グレートアーテジアン」の表記が優先されていて、「大鑽井盆地」のほうはカッコ書きになっています。「アーテジアン」を英英辞典（"Webster's New World Dictionary"）でひいてみると、artesian well の見出しで "a deep well in which water is forced up by pressure of underground water draining from higher ground" とあります。「高地から流れ込んだ地下水の水圧によって水が自噴する深井戸」ですね。圧力のかかった地下水を「被圧地下水」といいま

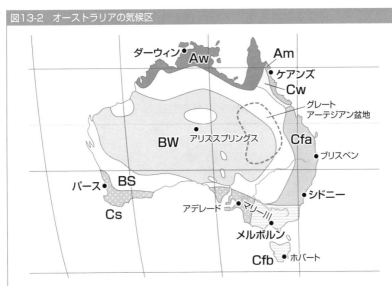

図13-2　オーストラリアの気候区

BWが年降水量250mm 未満の砂漠気候、その周囲のBSが250〜500mm のステップ気候。赤道に近い北部沿岸のAwは熱帯のサバナ気候。東部・南部の沿岸には温帯（温暖湿潤Cfa、西岸海洋性Cfb、地中海性Csなど）が分布（降水量と気候区の対応は概略）。

第1講 地図と交通
第2講 資源・エネルギー
第3講 産業・農林水産業
第4講 文化と生活
第5講 東アジア・東南アジア編
第6講 南アジア編
第7講 西アジア編
第8講 アフリカ編
第9講 ヨーロッパ編①
第10講 ヨーロッパ編②
第11講 ロシア・米国編
第12講 中南アメリカ編
第13講 オセアニア編
第14講 日本編

すが、地下水層を覆う
硬い岩盤を掘り抜く
と、勝手に噴き出して
くるわけです。難しい
字の「鑽井」とは、掘
り抜き井戸のことです
ね。それで、グレート
アーテジアン盆地は
「大鑽井盆地」と訳さ

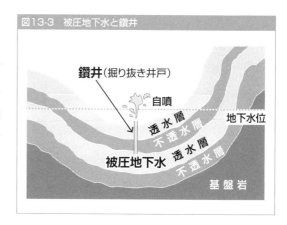

図13-3　被圧地下水と鑽井

鑽井(掘り抜き井戸)

自噴

地下水位

透水層

不透水層　透水層

被圧地下水

不透水層

基盤岩

れています。近年は地下水の枯渇で、ポンプによる汲み上げが必要になっ
ています。

ラッキーカントリー

　ただし、羊毛がオーストラリアの輸出品目の第1位だったのは1960年代
まで。もちろん、おもな輸出相手国はイギリスでしたが、1950年の朝鮮戦
争の時には米兵の衣類向けに輸出が急増しています。同じ時期に好景気に
沸いた日本の「朝鮮特需」を思い出しますね。

　その後、化学繊維の普及や綿との競合によって羊毛の需要は停滞しま
す。代わってオーストラリアでは次々と鉱山が発見され、地下資源が輸出
品目の上位を占めるようになります。オーストラリア最大の輸出品目は、
1970年代には小麦でしたが、先ほどの表13-1のように80年代からは石炭、
そして2010年代に入って鉄鉱石と推移しています。

　他にも、19世紀中頃にアメリカ合衆国同様の「ゴールドラッシュ」を招
き、今も産出量の多い金、北部の熱帯地方に分布するボーキサイト、さら
にはダイヤモンド・鉛・亜鉛・ウラン*・レアメタル（ニッケル・チタ
ン・マンガンなど）、種類が多いだけでなく、埋蔵量にも恵まれ、いずれ
も産出量は世界有数です。まさに「ラッキーカントリー」といったところ
です。

第1講 地図と交通
第2講 資源・エネルギー
第3講 産業・林水産業
第4講 文化と生活
第5講 東アジア・東南アジア編
第6講 南アジア編
第7講 西アジア編
第8講 アフリカ編
第9講 ヨーロッパ編①
第10講 ヨーロッパ編②
第11講 ロシア・米国編
第12講 中南アメリカ編
第13講 オセアニア編
第14講 日本編

表13-2　地下資源の豊富なオーストラリア

%

	鉄鉱石		ボーキサイト		金鉱		ウラン	
産出量 (2017年)	オーストラリア	36.5	オーストラリア	28.5	中国	13.2	カザフスタン	39.4
	ブラジル	17.9	中国	22.7	オーストラリア	9.3	カナダ	22.1
	中国	14.9	ギニア	15.0	ロシア	8.4	オーストラリア	9.8
埋蔵量 (2018年※)	オーストラリア	28.6	ギニア	24.7	オーストラリア	18.1	オーストラリア	29.1
	ブラジル	20.2	オーストラリア	20.0	南ア共和国	11.1	カナダ	12.3
	ロシア	16.7	ベトナム	12.3	ロシア	9.8	カザフスタン	9.0

『世界国勢図会』第2版・第31版により作成。
※石炭は2014年、ウランは2017年

＊上の表から、埋蔵量の割にウランの産出量が少ないことがわかります。オーストラリアでは、1984〜96年にかけて「三鉱山政策」が行われていました。当時の労働党政権が、天然資源の価値を維持すること、環境を保全すること、先住民の権利を維持することなどを目的に、3つの鉱山（北部のレンジャー、ナバレク〈のち閉鎖〉、南部のオリンピック＝ダム）以外からのウラン輸出を禁止したのです。原発を持たないオーストラリアは国内のウラン需要が存在しないので、実質的には3つの鉱山以外でのウラン生産自体を禁止したことになります。関西電力も出資するレンジャー鉱山は、地図で見ると先住民アボリジニの聖地でもある世界複合遺産のカカドゥ国立公園内にありますが、鉱区だけが公園の指定から外されています（ちなみに東京電力がオーストラリアから輸入していたウランはオリンピック＝ダムのものです）。粉状に加工されたウラン鉱石は、硫酸などで精錬される過程でヘドロ状の鉱滓を大量に生みますが、これが人工の溜め池に廃棄されています。オーストラリア北部は雨の多い気候なので、この溜め池が大雨であふれて、周囲の湿原を汚染します。1996年の政権交代と、資源価格の高騰で三鉱山政策は見直されていますが、他のウラン鉱山も含め、ほとんどはアボリジニの居住地にあり、彼らによる反対運動も起きています。

207

変遷したのは輸出品目だけではありません。同じ時期に輸出相手国も大きく様変わりしました。1960年代までのイギリスに代わって、1971年には日本が最大の貿易相手国になります。高度経済成長で工業化した日本は、石炭や鉄鉱石などの地下資源だけでなく、小麦・牛肉などの農畜産物のお得意様でもあります。さらに2006年には日本を抜いて中国が最大の貿易相手国になります。中国は急拡大した鉄鋼業のために、大量の鉄鉱石・石炭をオーストラリアから輸入するようになったのです。

　一方で、それまで緊密だったイギリスとの関係は疎遠なものになっていきます。1960年頃には輸出額の約4分の1、輸入額の約3分の1はイギリス相手でした。これが1970年代後半には、いずれも10％未満に低下します。イギリスとの関係を最優先にしてきたオーストラリアがこの時期、貿易関係に限らずさまざまな分野でアジアとの関係を重視する姿勢へと明らかに方向転換したのです。この変化に大きな影響を与えた要因を2つ挙げることができます。

　1つ目に、イギリスが1973年にＥＣ（ヨーロッパ共同体）へ加盟したことです。今のＥＵ（ヨーロッパ連合）ですね。ＥＣは貿易に関しては1つの国家のように振る舞う「関税同盟」の一種です。つまり、域内の関税を撤廃すると同時に、域外に対しては共通関税をかけることになります。日本国内で東京と大阪の間では関税をかけないが、海外からの輸入品には東京でも大阪でも同率の関税をかけるのと同じことです。

　それまでイギリスは、イギリス連邦（イギリスと、独立した旧イギリス植民地諸国の連合体）の国々に対しては特恵関税（他国に比べて優遇された低率の関税）を適用していましたが、ＥＣ加盟でその制度を撤廃することになったのです。いわゆる「イギリス病」によってかつての栄光を失って没落しつつあったイギリス経済としては、旧植民地を切り捨ててでもヨーロッパ本土で成長するＥＣ市場の恩恵にあずかるという選択をせざるを

第1講
地図と交通

第2講
資源・
エネルギー

第3講
産業・
農林水産業

第4講
文化と生活

第5講
東アジア・
東南アジア編

第6講
南アジア編

第7講
西アジア編

第8講
アフリカ編

第9講
ヨーロッパ編①

第10講
ヨーロッパ編②

第11講
ロシア・
米国編

第12講
中南
アメリカ編

第13講
オセアニア編

第14講
日本編

得なかったのでしょう（48年後には結局離脱するのですが……）。こうして、オーストラリアにおける対イギリス貿易のシェアは低下していきました。

　２つ目は、労働力の問題です。日本の約20倍の面積を持つオーストラリアですが、人口は2550万人で約５分の１。国内市場が小さいうえに、他の先進国市場からも遠いため、製造業はそれほど発達していませんが、それでも現地生産の自動車産業、ボーキサイト精錬業、ワインや乳製品などの食品工場などが立地しています。また、鉱産資源の開発や畜産業にも多くの労働力が必要です。独立以来続けてきた白人優遇政策である白豪主義 "White Australia policy" を撤廃して、アジアからの移民を受け入れる必要が出てきたのです。1970年代後半から急増した「ボートピープル」などと呼ばれたインドシナ難民*の受け入れをきっかけに、オーストラリアにはアジア系移民の流入が急増しました。

　多様な文化の共存を図る多文化主義への転換によって、オーストラリアはアジア太平洋地域との結びつきを強めていったのです。1989年に結成されたＡＰＥＣ（アジア太平洋経済協力会議）も、元はといえばオーストラリアの故ホーク首相（当時）の提唱によるものでした。

---

　*1975年のサイゴン陥落により米軍が敗走して終結したベトナム戦争、社会主義政権によるベトナム統一、そのベトナムがポル＝ポト政権を倒そうとしたカンボジア侵攻、ラオスの社会主義化、その後のカンボジア内戦、ポル＝ポト政権の後ろ盾だった中国がベトナムと戦った中越戦争など、インドシナ半島における戦乱や政治体制転換から逃れた人々のことです。アメリカ合衆国は約82万人、オーストラリアとカナダは約14万人ずつ、難民受け入れに消極的な日本でも１万人以上を受け入れました。

 「我々はひとつだ」

　オーストラリアの「イギリス離れ」は国歌の変更にも表れます。先述のイギリス国歌に替えて、国民投票で人気だった "Advance Australia

Fair"が1984年に正式な国歌となりました。最近では「イギリス色」の強い国旗の変更まで検討されているようです。検討されている新デザイン案の中には、オーストラリアの先住民アボリジニの狩猟道具とされるブーメランを描いたものもあるそうです。

　アボリジニといえば、紀元前4万年頃から狩猟・採集を生業として独自の文化を築いてきた人々です。1770年にイギリスのクックがこの大陸に到達し、のちにイギリスの流刑植民地になって以来、アボリジニは白人によって人間扱いされず、ハンティングの対象として虐殺されたり、白人が持ち込んだ感染症の犠牲になったりしました。少なくとも30万人以上、推定によっては100万人だったアボリジニ人口は1920年までに6～7万人にまで減少しています。なかでも大陸南東のタスマニア島のアボリジニは19世紀中に絶滅しました。白豪主義の下でも有色人種である先住民差別は続き、アボリジニのこどもを「野蛮な」親許から引き離して「文化的な」白人家庭で育てる、という教化・同化政策が行われました。こどもたちは実際には隔離施設に送り込まれ、精神を病んだり、自殺に追い込まれたりしました。彼らは"Stolen Children（盗まれたこどもたち）""Stolen Generation（盗まれた世代）"と呼ばれています。個人だけでなく、民族の文化を丸ごと抹消しようとする、なんとも恐ろしい政策です。

　1960年代に、ようやく政府は先住民の保護政策を開始し、アボリジニは選挙権を獲得します。政府は、1972年にはアボリジニの先住権（土地有所権）を認め、2008年にはケビン＝ラッド首相（当時）がStolen Generationに対する公式な謝罪を行いました。2000年に開催されたシドニーオリンピックの開会式では、アボリジニのキャシー＝フリーマンが聖火リレー最終走者を務めました。彼女は、競技でも陸上女子400mで金メダルを獲得し、アボリジニとオーストラリアの2つの旗を手にウィニングランをして話題になりました。

そういえば、先述の国歌 "Advance Australia Fair" の歌詞の一部が、2021年1月に変更されました。

For we are **young** and free（我々は若くて、自由だから）の部分が、
For we are **one** and free（我々はひとつで、自由だから）となったのです。

モリソン首相は「オーストラリアは（白人が作った）近代国家として比較的若いかもしれない。しかし、先住民たちの多くの物語は古い歴史を持つ。私たちがこれを正しく認識し、敬意を示すためにも『団結の精神』を国歌に反映させることが正しい」と述べています。

現在のオーストラリアは、新型コロナウイルスの問題だけでなく、2019〜20年に発生した「史上最悪」の森林火災による経済損失と生態系への深刻な後遺症、2020年に始まり急速に激化する中国との貿易摩擦など、内憂外患ともいうべき多くの課題を抱えています。多文化主義に支えられた社会の多様性と「団結の精神」は、この難局を乗り切るための大いなる力をオーストラリアに与えるのではないでしょうか。

日本編

環境・感染症の時代に応える日本の次世代のエースは？

POINT

★日本の高度経済成長を支えたのは典型的な加工貿易の構造だった

★産業の空洞化が進行し、今では加工貿易のすがたは崩れている

★原発事故後の輸入超過の下で環境など新分野の産業育成が待たれる

 典型的な「加工貿易」だった高度経済成長期

　日本の貿易については特別に、古い時期に遡っておさらいしておきましょう。戦後日本の貿易構造をわかりやすく表す言葉として「加工貿易」があります。インドのダイヤモンド産業のところ（P.137）でもちらっと出てきましたが、加工貿易とは工業原料や燃料を輸入し、これを用いて国内で加工した工業製品を輸出する形態のことです。

　表14-1は、前回の東京オリンピックが開かれた年、1964年における日本

表14-1　日本の貿易（1964年）					
輸出品目	**億円**		**輸入品目**	**億円**	
1位/鉄鋼	3,274	13.6%	1位/石油	4,155	14.5%
2位/船舶	1,714	7.1%	2位/繊維原料	3,145	11.0%
3位/綿織物	1,115	4.6%	3位/機械類	2,719	9.5%
4位/衣類	906	3.8%	4位/木材	1,578	5.5%
5位/魚介類	804	3.3%	5位/鉄鉱石	1,513	5.3%
6位/ラジオ受信機	769	3.2%	6位/小麦	943	3.3%
7位/自動車	649	2.7%	7位/砂糖	898	3.1%
8位/光学機器	519	2.2%	8位/鉄くず	847	3.0%
総計	**24,023**	100.0%	総計	**28,575**	100.0%

『日本国勢図会』第24版により作成。

第1講
地図と交通

第2講
資源・エネルギー

第3講
産業・農林水産業

第4講
文化と生活

第5講
東アジア・東南アジア編

第6講
南アジア編

第7講
西アジア編

第8講
アフリカ編

第9講
ヨーロッパ編①

第10講
ヨーロッパ編②

第11講
ロシア・米国編

第12講
中南アメリカ編

第13講
オセアニア

第14講
日本編

の貿易統計です。1950年代末から始まった高度経済成長期も中盤にさしかかり、オリンピック開催に間に合わせるように建設された東海道新幹線の開通など、国民が徐々に豊かさを実感し始めていました。当時の山岡家では、前年に赤ん坊（私）が産まれていますが、こどものついで（？）に当時「三種の神器」と呼ばれた電化製品（冷蔵庫・洗濯機・白黒テレビ）を揃えていったそうです。ま、こどものほうがついでだったかもしれませんが……。

　輸出品目を見ると、戦後の日本経済を支えた繊維品（綿織物や衣類）もまだ上位に入っていますが、全体的には重化学工業製品の輸出が拡大していることがわかります。「重厚長大」の基礎素材型産業の典型である鉄鋼と造船で全体の約2割を占めるほか、この年初めて自動車の輸出額が統計上位に顔を出しています。ラジオ受信機なんて品目は時代を感じさせます。当時はソニー（東京通信工業）など日本製のトランジスタラジオが米国市場をほぼ「独占」していました。

　輸入品目のほうは、エネルギー資源の原油（出典では「石油」）、繊維品の原料（綿花や羊毛）、鉄鋼の原料である鉄鉱石*、鉄くずなどが並んでおり、まさに加工貿易の構造をうかがわせます。原・燃料のほか、小麦などの食料品の輸入も見られます。砂糖の輸入は、この前年に自由化されていますが、台湾・キューバ・オーストラリアのほか、当時は米国の施政下にあった沖縄からも「輸入」されていました。

　　*鉄鋼の原料としては石炭（原料炭）も重要ですが、この時期はまだ国内の炭鉱での生産が続いており、原料炭の過半は国産炭でした。しかし、テーマパークのところ（P.117）で見たように、同時期には炭鉱の合理化が進んで、徐々に割安な輸入炭に転換していきました。なお、もう1つの重要な原料である石灰石は国内に豊富に存在し、今も自給率100％です。

　この年の貿易収支は、やや輸入超過（貿易赤字）になっていますね。実は翌1965年、日本は戦後初めて輸出超過（貿易黒字）に転換するのです。

213

その後、1970年代の石油危機などで輸入超過になった年もありますが、長期的には貿易黒字が拡大していくことになります。

 貿易摩擦を招いた自動車の輸出拡大

　読売新聞で４コマまんが『コボちゃん』の連載が始まった1982年、日本の貿易総額（輸出入額の合計）はP.212の表14-1（1964年）の約5兆2600億円から、ほぼ13倍（ドル換算では18倍以上）に拡大しています。1970年代初めまで続いた高度経済成長の勢いを感じさせますね。この年に、赤ん坊だった私は大学に進学しています。

　相変わらず加工貿易の構造ですが、その内容は変化しています。石油危機によってエネルギー資源の国際価格が高騰し、輸入額に占める原油や液化ガス（おもに液化天然ガス＝ＬＮＧ）の割合がきわめて大きくなっています（これでも前年の1981年よりはやや下がっているほどです）。また、石炭の国内産出量は1960年頃の約３分の１になっており、その分輸入量が増えています。

表14-2　日本の貿易（1982年）

輸出品目	億円		輸入品目	億円	
1位/機械類	114,760	33.3%	1位/原油	114,427	35.0%
2位/自動車	60,857	17.7%	2位/液化ガス	20,863	6.4%
3位/鉄鋼	38,706	11.2%	3位/機械類	16,927	5.2%
4位/船舶	16,880	4.9%	4位/石炭	14,310	4.4%
5位/精密機械	15,584	4.5%	5位/石油製品	12,733	3.9%
6位/繊維品	15,491	4.5%	6位/木材	11,271	3.5%
7位/金属製品	10,665	3.1%	7位/魚介類	9,802	3.0%
8位/有機薬品	5,064	1.5%	8位/鉄鉱石	8,994	2.8%
総計	344,325	100.0%	総計	326,563	100.0%

『日本国勢図会』第42版により作成。

一方、輸出される工業製品が高度化していることがわかります。鉄鋼や船舶の地位は低下し、加工度の高い機械類・自動車・精密機械などの割合が高まっています。基礎素材型産業から加工組立型産業への転換は、石油危機を契機に加速しました。大量の資源消費によらない電気・電子部品などの「軽薄短小」製品を作る労働集約的な製造業の立地は、それまでの太平洋ベルトの臨海部から離れ、東北・九州などの地方圏や、内陸部の高速道路沿いなどに分散します。

主要輸出品となった自動車については、ガソリン価格の高騰した欧米で、燃費の良い日本の小型車への需要が高まり、相手国の市場を席巻します。米国では経営難に陥った米国の三大自動車メーカー「ビッグスリー」、すなわちゼネラルモータース（現・GM）、フォード、クライスラー*や全米自動車労働組合が、「急増する日本車の輸入が米国の自動車産業を衰退させた」と圧力を強め、日米貿易摩擦が政治問題化します。これに屈した日本の自動車業界は、1981年から自動車輸出台数の自主規制に踏み切り、さらに米国での現地生産によって米国労働者の雇用を創出するようになりました。

*リーマンショック後の2009年に経営破綻し、現在はイタリアの自動車メーカーであるフィアット社の傘下に入っています。

自主規制は1993年に終わりますが、現地生産のほうは1985年のプラザ合意以降の円高の進行を受けてさらに拡大していきます。プラザ合意とは、ニューヨークのプラザホテルで行われたG5（先進5カ国）蔵相・中央銀行総裁会議によって発表された、ドル安（円高・マルク高）を容認する合意のことです。これは貿易赤字と財政赤字の「双子の赤字」に苦しむ米国を救うために、その貿易赤字の解消を目指した為替介入政策です。これ以降急激に円高ドル安が進み、1985年初頭までは1ドル＝250円程度だったのが、1986年末には1ドル＝160円程度になりました（さらに1995年春には1ドル＝約80円にまでなっています）。この円高による影響を抑えるために

第1講 地図と交通
第2講 資源・エネルギー
第3講 産業・農林水産業
第4講 文化と生活
第5講 東アジア・東南アジア編
第6講 南アジア編
第7講 西アジア編
第8講 アフリカ編
第9講 ヨーロッパ編①
第10講 ヨーロッパ編②
第11講 ロシア・米国編
第12講 中南アメリカ編
第13講 オセアニア
第14講 日本編

行われた金融緩和（金利引き下げや資金供給）が、1980年台後半のバブル経済を招いたのです。

　円高は、日本にとって輸入には有利ですが輸出には不利です。円高差損を被った日本の輸出産業は大打撃を受け、貿易摩擦を抱えた自動車産業に限らず、生産拠点を海外に移す動きが広がって産業の空洞化を加速させました。一方、木材や魚介類の輸入がさらに拡大することになり、国内の林業・水産業の衰退が加速しました。

 ## ＩＴ革命の功罪

　下の表14-3は20世紀の最後の年（21世紀は2001年から）、「ミレニアム」ブームに沸いた2000年のデータです。私といえば、大学を出たあと就職した進学塾の講師と兼任しつつ予備校の地理科講師となっており、この頃には処女作となる参考書（『山岡の地理Ｂ教室 PARTⅠ』〈ナガセ〉）を執筆していました。

　1982年（P.214の表14-2）における貿易総額は（当時の為替レートを1

表14-3　日本の貿易（2000年）

輸出品目	百万ドル		輸入品目	百万ドル	
1位/機械類	228,048	47.6%	1位/機械類	92,411	24.3%
2位/自動車	88,294	18.4%	2位/原油	44,554	11.7%
3位/精密機械	26,426	5.5%	3位/衣類	19,736	5.2%
4位/鉄鋼	14,908	3.1%	4位/魚介類	15,303	4.0%
5位/有機化合物	11,203	2.3%	5位/液化天然ガス	13,035	3.4%
6位/船舶	10,268	2.1%	6位/精密機械	12,812	3.4%
7位/プラスチック	8,839	1.8%	7位/自動車	10,236	2.7%
8位/繊維品	7,021	1.5%	8位/石油製品	9,336	2.5%
総計	479,248	100.0%	総計	379,663	100.0%

『日本国勢図会』第61版により作成。出典側の変更で前表と金額の単位が異なる。

第1講
地図と交通

第2講
資源・
エネルギー

第3講
産業・
農林水産業

第4講
文化と生活

第5講
東アジア・
東南アジア編

第6講
南アジア編

第7講
西アジア編

第8講
アフリカ編

第9講
ヨーロッパ編①

第10講
ヨーロッパ編②

第11講
ロシア・
米国編

第12講
中南
アメリカ編

第13講
オセアニア編

第14講
日本編

ドル＝250円として）約2684億ドルですから、およそ３倍に拡大しています
が、その前の18年間の拡大と比べると勢いは落ちています。国内経済は
1991年のバブル崩壊後に「失われた10年」と呼ばれたデフレ不況が続い
ていました。この頃に大学を卒業した世代は、いわゆる「就職氷河期」に
あたり、フリーターや派遣労働といった非正規雇用による就業を余儀なく
されていました。

　輸出品目のほうは、鉄鋼や船舶の割合がさらに低下したくらいでライン
ナップに大きな変化はないように見えます。しかし、2000年といえば「ミ
レニアム」の他に「ＩＴ革命」が流行語になった年です。コンピュータの
発達とインターネットを中核としたＩＴ＝Information Technology（情
報技術）の飛躍的な進歩によって、関連する産業の成長が世界経済を牽引
しました。輸出品目の「機械類」のうち約３割は、コンピュータを含む事
務用機器や、集積回路、電気回路用品など、ＩＴ関連製品だったのです。

　日本でも、1990年代後半から堀江貴文氏の経営で知られるライブドア
（2000年に東証マザーズ上場）などのインターネット関連企業などがもて
はやされましたが、そのブームは長続きせず「ＩＴバブル」などと呼ばれ
ました。ＩＴの発達は、関連産業における雇用創出効果を生む反面、人間
がやっていた仕事をＩＴが奪うという雇用代替効果もあり、2002年にかけ
てリストラによる失業率の上昇を招きました。

くずれた「典型的な加工貿易のすがた」

　2000年の統計表の上ではっきりとした違いがわかるのは輸入品目のほう
です。原料や燃料ではなく、機械類・衣類などの工業製品が主要な輸入品
になっていますね。過去の典型的な加工貿易では見られなかった現象で
す。この時期には、日本企業の海外進出、とくに中国などアジア諸国への
進出が本格化し、そこで生産された工業製品を逆輸入することが増えたの
です。貿易摩擦や円高差損の回避に加え、おもに低賃金労働力を中心とし
た現地の安い生産コストを求めての動きでした。

郊外の国道沿いにはショッピングセンターや大型電気店、衣料スーパーや100円均一の店などの大きな看板が立ち並び、そこでは中国やマレーシア、タイなどで作られた安価な家電・雑貨・アパレル・冷凍食品などが売られました。2000年には、ユニクロのカラフルな「フリース」がブームになりましたが（販売開始は1994年）、これもおもに中国の工場で製造されていました*。

メーカーは、研究開発部門（R＆D；Research and Development）や高級モデルを生産する部門などのみを国内に残し、単純な加工・組み立てなどの生産機能の大半はアジアの新興国に移してしまったのです。

---

[*] 最近は、さらに人件費の安いベトナムやインドネシア、バングラデシュなどに生産拠点が分散しています。アパレル業界、とくにファストファッションの製造部門では、下請け工場の労働環境や待遇が問題視されることが増えています（P.144）。

格差社会とアベノミクスと輸出産業

7月に西日本を集中豪雨が襲い200人以上の死者・行方不明者を出した2018年。9月には北海道胆振東部地震もあり、自然災害の影響の大きかった年です。こどもの頃からプロ野球・広島東洋カープのファンだった私は、カープのセ・リーグ3連覇に酔いしれつつ、「フードバンク（P.74）」や「こども食堂」などの地域活動に関わり始めていました。小泉純一郎政権（2001〜06年）で進められた「聖域なき構造改革」の頃から、派遣労働などの不安定な非正規労働はさらに広がり、「上級国民」という虫酸の走る流行語に象徴される階層間の格差は常態化していったのです。社会の矛盾によるしわ寄せは、弱者のところに押し付けられます。

貿易面では米中貿易摩擦が本格化したこの年、日本の貿易品目を見ると2000年とさほど変わっていないようです。1964年の輸出品目第7位＝自動車や、2000年のIT関連製品のような「次世代のエース候補」は出てきておらず、1982年の統計に現れた「重厚長大型から軽薄短小型へ」のような構造の転換も読み取れません。金額こそ2000年から1.7倍に増えています

第1講 地図と交通
第2講 資源・エネルギー
第3講 産業・農林水産業
第4講 文化と生活
第5講 東アジア・東南アジア編
第6講 南アジア編
第7講 西アジア編
第8講 アフリカ編
第9講 ヨーロッパ編①
第10講 ヨーロッパ編②
第11講 ロシア・米国編
第12講 中南アメリカ編
第13講 オセアニア
第14講 日本編

表14-4　日本の貿易（2018年）

輸出品目	百万ドル		輸入品目	百万ドル	
1位/機械類	261,659	35.4%	1位/機械類	174,970	23.4%
うち集積回路	26,309	3.6%	2位/原油	80,582	10.8%
半導体等製造装置	24,723	3.3%	3位/液化天然ガス	42,801	5.7%
2位/自動車	152,429	20.6%	4位/衣類	30,298	4.0%
3位/精密機械	38,173	5.2%	5位/医薬品	26,559	3.5%
4位/鉄鋼	31,177	4.2%	6位/石炭	25,988	3.5%
5位/プラスチック	23,128	3.1%	7位/精密機械	25,210	3.4%
6位/有機化合物	18,906	2.6%	8位/自動車	24,261	3.2%
総計	**738,201**	100.0%	総計	**748,218**	100.0%

『日本国勢図会』第78版により作成。

　が、ここまで調べてきた各期間（1964〜82年は13倍、1982〜2000年は3倍）に比べるとごく低い伸び率です。

　第二次安倍晋三政権（2012〜20年）が打ち出した「アベノミクス」は、円安誘導や優遇税制（輸出戻し税・研究開発税制など）による輸出貿易の振興→輸出企業の業績改善→賃上げ→消費拡大→デフレ脱却という絵を描きました。しかし、長期的に国際競争力を低下させている日本の製造業にとって、この円安は生命維持のための「輸血」のようなもので、新しい産業の育成につながっていません。業績改善の恩恵は配当の形で投資家に還元されて、一般勤労者の賃上げには回されず、先にお話ししたような格差の拡大を招いています。

　また、以前からの生産拠点の海外移転によって国際分業が強化されていて、現地工場から輸入した部品の利用が増えています。そのため、円安によって工業製品の輸出は増えますが、同時に海外拠点からの部品輸入も増加しますから、円安が貿易収支の改善に結び付きにくい構造になっているのです。

貿易収支という意味では、2011年の東北地方太平洋沖地震に伴う東日本大震災が与えた大きな影響を見逃すわけにはいきません。東京電力福島第一原子力発電所の爆発事故によって、全国の原子力発電所が稼働を停止しました。代わって火力発電所がフル稼働することになり、石炭・原油・天然ガスの輸入が急拡大したのです。

　火力発電というと重油を燃やしているイメージがありますが、石油主導だったのは1980年代前半までです。1970年代の石油危機を契機に代替エネルギーの模索が進みましたが、それは原子力発電所の建設だけではなく、火力エネルギー源の石炭や天然ガスへのシフトでもあったわけです。原発事故前の2010年の総発電量に占める割合で見ると、天然ガスが29.0％、石炭が27.8％で、石油は8.6％に過ぎません。石炭は世界の埋蔵量が豊富で安価であること、天然ガスは比較的クリーン*であることも転換の要因となっていました。これらの資源価格は、2008年の世界金融危機の影響で翌2009年には落ち込んでいましたが、長期的には今世紀に入って新興国の需要拡大で上昇傾向にありました。そのため、震災後の日本は割高な天然ガスや石炭などを大量に輸入することになったのです。

　＊日本が輸入する天然ガスは、全量が液化天然ガス（ＬＮＧ）ですが、液化の工程で硫黄分を取り除くため、燃焼による硫黄酸化物（酸性雨などの大気汚染の原因物質）の排出はゼロです。また、熱量当たりの CO_2 排出量も、石油や石炭に比べて小さくなっています。

　こうして1981年から続いた貿易収支の黒字は、2011年に約30年ぶりの赤字になったのです。その後は黒字と赤字を行ったり来たりですが、先ほどの2018年の統計では赤字ですね。これはもはや震災の影響というより、経済構造の変化というべきで、経常収支（P.187参照）のほうは1981年以来ずっと黒字が続いています。

第1講　地図と交通
第2講　資源・エネルギー
第3講　産業・農林水産業
第4講　文化と生活
第5講　東アジア・東南アジア編
第6講　南アジア編
第7講　西アジア編
第8講　アフリカ編
第9講　ヨーロッパ編①
第10講　ヨーロッパ編②
第11講　ロシア・米国編
第12講　中南アメリカ編
第13講　オセアニア編
第14講　日本編

地球温暖化を食い止めるために

　米国の「シェール革命」によって今後は天然ガスの価格は下がってくるでしょう（実際、米国内での価格は大きく下落しています）。パナマ運河の拡張によって大型のＬＮＧ専用船も航行しやすくなりました。技術の進歩によって、世界各地で海底油田・ガス田の開発が行われています。推定される埋蔵量のデータはどんどん更新されるでしょう。カナダのオイルサンドや、ベネズエラのオリノコタール（重油）などもさらに開発が進むかもしれません。

　しかし、いくらたくさん見つかっても、いくら価格がお手頃になっても、もはやこれらの化石燃料に頼る時代ではなくなっています。それは、もちろん気候変動、いわゆる地球温暖化の問題が存在しているからです。

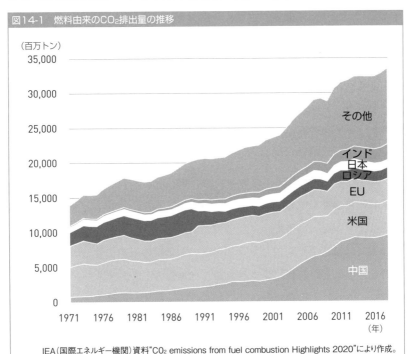

図14-1　燃料由来のCO₂排出量の推移

（百万トン）

IEA（国際エネルギー機関）資料"CO₂ emissions from fuel combustion Highlights 2020"により作成。
1990年以前のロシアは旧ソ連、同EUはヨーロッパの合計。中国には香港を含む。

221

20世紀にはおもに先進国によって、21世紀に入ると先進国を上回る勢いで中国・インドなどの新興国によって大量の化石燃料が消費され、温室効果ガスである二酸化炭素（CO_2）が排出されています。その大気中の濃度が高まって地球の平均気温が上昇し始めていることは、（さまざまな陰謀論や否定論があるにもかかわらず）もはや国際的コンセンサスです。京都議定書（1997年）やパリ協定（2015年）における妥協的な生ぬるい数値目標で食い止めることは難しく、近年では各国が競って厳しいCO_2削減策を打ち出しています。

　とはいえ、巨大事故のリスク（リスクも何も現実になってしまいました）と未だ解決策のない廃棄物処理の問題を抱えた原子力の利用は論外でしょう。安全対策のためにコスト面でも優位性を失っており、先進国の中では過去の技術になりつつあります。いわゆる再生可能エネルギーへの転換が急務ですが、原発に固執してきた日本では開発が遅れています。国土が狭いため、景観破壊などの課題も解決しなくてはなりません。しかし、石炭火力発電所を建設しようとしても、環境問題を理由に金融機関が融資をしてくれない時代になったのです。間もなく、ガソリンエンジンの自動車の販売は（ハイブリッド車さえも）禁止する国や地域が現れる時代になったのです。もう後戻りはできない流れです。

　エネルギー・環境分野だけではありません。2020年に世界を揺るがせたCOVID-19の蔓延は、ワクチンや治療薬の開発といった医薬・バイオ関連産業の重要性を改めて私たちに認識させました。自国でのワクチン開発に後れた日本は、海外から「おこぼれ」が輸入されるのを指をくわえて待たなくてはなりませんでした。10年後、20年後の日本の貿易統計は、環境の時代・感染症の時代に生き残れる「次世代のエース」を生み出しているのでしょうか。大競争はとっくに始まっています。

本書は『web文蔵』に掲載された『地理で読み解く、世界の過去と未来』（2020年12月〜21年3月）を再編集し、書籍化したものです。

〈著者略歴〉

山岡信幸（やまおか・のぶゆき）

東進ハイスクール・東進衛星予備校の講師として、30年以上の指導歴を持つ。ベーシック講座から難関大対策講座まで主要な講座を数多く担当。

「地理は暗記科目ではない」。因果関係や背景の理解を中心に展開される授業は、工夫された視覚資料と丁寧な説明で、地理が苦手な生徒も思わず引き込まれる。『山岡の地理B教室PART I』（ナガセ）は、地理入門書のスタンダードとされており、上梓以来、データを更新しつつ版を重ねている。また『地理B一問一答【完全版】』（ナガセ）は一問一答形式でNo.1の売上げを誇る。

趣味はカードマジック、ボウリング。広島東洋カープのオールドファン。

装丁　西垂水敦・市川さつき（krran）
本文図版　桜井勝志

激変する世界の変化を読み解く
教養としての地理

2021年7月1日　第1版第1刷発行
2021年10月5日　第1版第4刷発行

著　者　　山　岡　信　幸
発行者　　後　藤　淳　一
発行所　　株式会社ＰＨＰ研究所

東京本部　〒135-8137　江東区豊洲5-6-52
　　　　　　第一制作部　☎03-3520-9615（編集）
　　　　　　普及部　☎03-3520-9630（販売）
京都本部　〒601-8411　京都市南区西九条北ノ内町11

PHP INTERFACE　https://www.php.co.jp/

制作協力
組　版　　株式会社PHPエディターズ・グループ
印刷所　　大日本印刷株式会社
製本所　　株式会社大進堂